Sozialwissenschaften zur Einführung

Samuel Salzborn

Sozialwissenschaften zur Einführung

JUNIUS

Junius Verlag GmbH
Stresemannstraße 375
22761 Hamburg
www.junius-verlag.de

Umschlaggestaltung: Florian Zietz
Titelbild: Junius Verlag
Satz: Junius Verlag
Printed in the EU 2013
ISBN 978-3-88506-077-2

Bibliografische Information der Deutschen Nationalbibliothek
Die Deutsche Nationalbibliothek verzeichnet diese Publikation in der Deutschen Nationalbibliografie; detaillierte bibliografische Daten sind im Internet über http://dnb.d-nb.de abrufbar.

Zur Einführung ...

... hat diese Taschenbuchreihe seit ihrer Gründung 1977 gedient. Zunächst als sozialistische Initiative gestartet, die philosophisches Wissen allgemein zugänglich machen und so den Marsch durch die Institutionen theoretisch ausrüsten sollte, wurden die Bände in den achtziger Jahren zu einem verlässlichen Leitfaden durch das Labyrinth der neuen Unübersichtlichkeit. Mit der Kombination von Wissensvermittlung und kritischer Analyse haben die Junius-Bände stilbildend gewirkt.

Seit den neunziger Jahren reformierten sich Teile der Geisteswissenschaften als Kulturwissenschaften und brachten neue Fächer und Schwerpunkte wie Medienwissenschaften, Wissenschaftsgeschichte oder Bildwissenschaften hervor. Auch im Verhältnis zu den Naturwissenschaften sahen sich die traditionellen Kernfächer der Geisteswissenschaften neuen Herausforderungen ausgesetzt. Diesen Veränderungen trug eine Neuausrichtung der Junius-Reihe Rechnung, die seit 2003 von der verstorbenen Cornelia Vismann und zwei der Unterzeichnenden (M.H. und D.T.) verantwortet wurde.

Ein Jahrzehnt später erweisen sich die Kulturwissenschaften eher als notwendige Erweiterung denn als Neubegründung der Geisteswissenschaften. In den Fokus sind neue, nicht zuletzt politik- und sozialwissenschaftliche Fragen gerückt, die sich produktiv mit den geistes- und kulturwissenschaftlichen Problemstellungen vermengt haben. So scheint eine erneute Inventur der Reihe sinnvoll, deren Aufgabe unverändert darin besteht, kompetent und anschaulich zu vermitteln, was kritisches Denken und Forschen jenseits naturwissenschaftlicher Zugänge heute zu leisten vermag.

Zur Einführung ist für Leute geschrieben, denen daran gelegen ist, sich über bekannte und manchmal weniger bekannte Autor(inn)en und Themen zu orientieren. Sie wollen klassische Fragen in neuem Licht und neue Forschungsfelder in gültiger Form dargestellt sehen.

Zur Einführung ist von Leuten geschrieben, die nicht nur einen souveränen Überblick geben, sondern ihren eigenen Standpunkt markieren. Vermittlung heißt nicht Verwässerung, Repräsentativität nicht Vollständigkeit. Die Autorinnen und Autoren der Reihe haben eine eigene Perspektive auf ihren Gegenstand, und ihre Handschrift ist in den einzelnen Bänden deutlich erkennbar.

Zur Einführung ist in der Hinsicht traditionell, dass es den Stärken des gedruckten Buchs – die Darstellung baut auf Übersichtlichkeit, Sorgfalt und reflexive Distanz, das Medium auf Handhabbarkeit und Haltbarkeit – auch in Zeiten liquider Netzpublikationen vertraut.

Zur Einführung bleibt seinem ursprünglichen Konzept treu, indem es die Zirkulation von Ideen, Erkenntnissen und Wissen befördert.

Michael Hagner
Ina Kerner
Dieter Thomä

Inhalt

Anhang

Einleitung: Was sind Sozialwissenschaften?

Studentinnen und Studenten der Sozialwissenschaften sehen sich im Alltag neben ihrem Studium gelegentlich mit Missverständnissen bezüglich ihrer Studieninhalte konfrontiert. Wird man etwa an familiärer Kaffeetafel gefragt, was man denn studiere, und beantwortet dies mit einem schüchternen »Sozialwissenschaften«, sind mindestens zwei Missverständnisse vorprogrammiert: Das erste identifiziert Sozialwissenschaften mit Soziologie – und reicht über die heimische Kaffeetafel hinaus bis ins Feuilleton mancher Tages- oder Wochenzeitung. Sozialwissenschaften, so die fehlerhafte Annahme, das sei eben Soziologie. Das zweite Missverständnis lässt sich vom Sozialen blenden: Wer Sozialwissenschaften studiert, so der landläufige Glaube, wird damit schon irgendetwas Soziales anstellen, also z.B. den Beruf einer Sozialarbeiterin ergreifen oder in einer karitativen Organisation Spenden für Hilfsbedürftige sammeln. Das erste Missverständnis übersieht den Plural des Wortes Sozialwissenschaften und damit, dass es sich um eine Sammel- und keine Disziplinbezeichnung handelt, das zweite nimmt den hinteren Wortteil gar nicht erst zur Kenntnis und interpretiert das Soziale aus einem rein anwendungsorientierten Blickwinkel.

Dennoch liegt in beiden Missverständnissen auch ein Kern Wahrheit. Denn zu den sozialwissenschaftlichen Fächern gehört – ganz gleich, welche Definition man anlegt – immer auch die Soziologie, d.h., in jede sozialwissenschaftliche Perspektive ist immer auch eine soziologische eingeschrieben, ja mehr noch kann die Soziologie für sich mit einiger Legitimation beanspruchen, einen, wenn nicht sogar den wesentlichen Kern sozialwissenschaftlicher Forschung geprägt zu haben (vgl. Korte 2006; Kruse 2008). Und auch die Annahme, Sozialwissenschaften hätten etwas mit dem Sozialen zu tun, ist nicht falsch – nur dass das Soziale im sozialwissenschaftlichen Kontext (etwa im Unterschied zur Sozialen Arbeit) wissenschaftlich und (selbst-)reflexiv im Mittelpunkt steht und nicht mit Blick auf eine konkrete soziale (Arbeits-)Praxis. Dass ein sozialwissenschaftliches Studium trotzdem im Feld sozialer Berufe einen hilfreichen wissenschaftlichen Background bieten kann, steht außer Frage, nur befähigt es eben nicht unmittelbar zu Tätigkeiten in diesem Bereich – auch weil Sozialwissenschaftlerinnen und Sozialwissenschaftler mit ihrem analytischen Blick zwar das Soziale verstehen, erklären und nicht selten auch verändern wollen, aber dafür eben selbst in keiner Weise sozial (in einem ethischen oder karitativen Sinn) agieren müssen.

Das jeweilige Vorurteil über die Sozialwissenschaften an der Kaffeetafel ist also genauso falsch wie richtig – es enthält einen Kern von Wahrheit, um den herum subjektive Deutungen und Überzeichnungen gesponnen werden. Was aber sind dann, zunächst ganz vorläufig betrachtet, Sozialwissenschaften tatsächlich? Es handelt sich, so viel kann festgehalten werden, um eine Sammelbezeichnung für wissenschaftliche Disziplinen, deren Gegenstand die Erforschung sozialer Sachverhalte ist. Und alle spontanen Definitionsversuche, die über diese zunächst sehr allgemeine Auskunft auf die Frage, was Sozialwissenschaften sind, hinausführen, weisen sofort ins Zentrum sozialwissenschaftlicher Debatten – denn: Muss die Frage danach, was Sozialwissenschaften sind, dadurch beantwortet werden, welche Inhalte, Fragestellungen, Theorien und Methoden im sozialwissenschaftlichen

Kontext bearbeitet werden sollen bzw. sollten, oder damit, welche faktisch in der sozialwissenschaftlichen Forschung genutzt, eingesetzt oder angewendet werden? Antwortet man also auf die Frage eher normativ oder eher empirisch – mit dem »Sollen« oder mit dem »Sein«?

Eine normative Beantwortung würde auf einen Idealtypus zielen, also eine allgemeine und abstrakte Definition, die allerdings nicht zwingend auch in dieser »Reinform« in der sozialen Wirklichkeit angetroffen werden können muss. Die empirische Antwort würde den Blick auf die durchaus unterschiedlichen Realtypen der Verständnisse von Sozialwissenschaften richten und damit zu klären versuchen, welche Verständnisse von Sozialwissenschaften – in unterschiedlichem zeitlichen Kontext, aus differenten Fachperspektiven oder mit verschiedenen erkenntnistheoretischen Zugängen – es gegeben hat oder gibt. Faktisch sind die normative und die empirische Perspektive nicht kategorisch voneinander zu trennen, weil in Vorstellungen darüber, was Sozialwissenschaften sein soll(t)en, immer auch Wissen darüber einfließt, was Sozialwissenschaften sind bzw. waren, wie die Darstellung, was Sozialwissenschaften real sind, auch grundsätzlich von Vorannahmen über die Frage, was Sozialwissenschaften sein könnten oder müssten, geprägt wird.

Um das Feld dessen, was Sozialwissenschaften sind, aufzuschlüsseln, soll zunächst ein Blick auf die Sozialwissenschaften in ihrer konkreten, gegenwärtigen Ausprägung in der Bundesrepublik geworfen werden. Wie sie sich zu dem entwickelt haben, was sie heute sind, also welche historischen Prozesse ihrem gegenwärtigen Zustand vorausgegangen sind, wird in den folgenden Kapiteln dieses Buches ebenso erörtert werden wie die Frage nach alternativen Verständnissen dessen, was Sozialwissenschaften überdies sein könnten oder müssten – oder umgekehrt, was sie vielleicht auch nicht sein sollten. Beim zunächst empirischen

Blick auf »die« Sozialwissenschaften in Deutschland lässt sich festhalten, dass im grundständigen Studium (Bachelor) an bundesdeutschen Hochschulen ein explizit sozialwissenschaftlicher Studiengang an rund zwanzig Universitäten existiert, wobei das Verständnis darüber, welche Teildisziplinen jeweils zu den Sozialwissenschaften gezählt werden, stark auseinandergeht.

Konsens besteht lediglich darin, dass – an (fast) allen Standorten – die Soziologie und die Politikwissenschaft zu den Sozialwissenschaften gezählt werden, so etwa in Augsburg, Berlin (HU), Gießen, Köln, Magdeburg, Oldenburg, Osnabrück, Siegen und Stuttgart (nur Rostock und Trier nehmen in ihren sozialwissenschaftlichen BA-Studiengängen die Politikwissenschaft aus, auf die Soziologie verzichtet keine Universität in ihrem sozialwissenschaftlichen BA-Studiengang); in Bielefeld, Bochum, Düsseldorf, Koblenz-Landau, Leipzig, Vechta und Wuppertal wird neben der Soziologie und der Politikwissenschaft jeweils ein weiteres Fach mit zu den Sozialwissenschaften im BA-Studiengang gezählt (Kommunikations- und Medienwissenschaften, Philosophie, Sozialpsychologie/-anthropologie oder Wirtschaftswissenschaften). Manche Universitäten (Hannover, Marburg) bieten eine Reihe von Wahlmodulen, die nach individuellen Präferenzen ergänzt werden können und bis in die Philosophie, die Geschichtswissenschaft sowie die Wirtschafts- und die Rechtswissenschaft reichen.

Das breiteste Selbstverständnis von Sozialwissenschaften wird in den BA-Studiengängen an der Bundeswehr-Universität München und in Göttingen formuliert: Während in München zusätzlich zur Soziologie und zur Politikwissenschaft die Geschichts- und Rechtswissenschaft sowie Volkswirtschaftslehre und Ethik (alle jedoch unter einem politikwissenschaftlichen Fokus) als Sozialwissenschaften verstanden werden, integriert Göttingen neben der Soziologie und der Politikwissenschaft in seinen BA-Studiengang Sozialwissenschaften die Fächer Erziehungswissenschaft, Ethnologie, Geschlechterforschung, Interdisziplinäre Indienstudien und Sportwissenschaften.

So lässt sich zunächst konstatieren, dass Soziologie und Politikwissenschaft die Kerndisziplinen der Sozialwissenschaften sind und dass gegenwärtig überdies eine Reihe von, zum Teil höchst unterschiedlichen, Anknüpfungspunkten in anderen Fächern und Fach(teil)gebieten gesucht wird. Dies reicht von der Überlegung, dass es sich bei den genannten Fächern selbst um sozialwissenschaftliche Disziplinen handelt, über die Annahme, dass die Berührungspunkte zwischen geistes- und sozialwissenschaftlichen Fächern jeweils stärker geistes- oder stärker sozialwissenschaftlich ausgelegt werden können, und insofern der konkrete Forschungsblickwinkel über die Frage entscheidet, ob eher eine geistes- oder eher eine sozialwissenschaftliche Perspektive eingenommen wird, bis hin zu der Auffassung, dass sich die sozialwissenschaftlichen Kerndisziplinen jeweils an Theorien, Methoden oder erkenntnistheoretischen Modellen aus anderen Fächern bedienen, um sie für die Analyse sozialer Sachverhalte nutzbar zu machen. Eine eindeutige Definition dessen, was Sozialwissenschaften empirisch sind, ist insofern nicht möglich, was auch zeigt, dass die Sozialwissenschaften in ihrem Selbstverständnis Konjunkturen und Wandlungsprozessen unterliegen, die auch die Frage, was genau Bestandteil und Gegenstand sozialwissenschaftlicher Forschung ist, berühren.

Eine zweite empirische, aber historisch angelegte Annäherung an die Frage, was Sozialwissenschaften bisher gekennzeichnet hat, zielt auf eine (rekonstruierende) Eingrenzung dessen, was als »das Soziale« begriffen wird und in welchem Kontext dieses wissenschaftlich erforscht werden kann (vgl. Best 1988). Da das Soziale selbst fortlaufend einem Wandel unterliegt und damit konkrete Interessen- und Konfliktsituationen an bestimmbaren, d.h. historisch und gesellschaftlich bestimmten Orten in vertikaler und horizontaler Dimension umfasst, muss eine erste historische Annäherung mit einem Begriff operieren, der eben jenen Wandlungsprozess selbst integriert – sozial wäre demnach ein Handeln, das sich selbst mit Blick auf Dritte einen Sinn zuschreibt oder diesen zugeschrieben bekommt, also jede Form menschlicher Interaktion auf verbaler und non-verbaler Ebene, wobei der Bezug auf Dritte gleichermaßen realer und antizipierter Natur sein wie auch das Handeln in Passivität bestehen kann.

Ein Beispiel: Wer ein politisches Flugblatt schreibt, schreibt es für Dritte und antizipiert bei seinem Handeln die (erwünschte oder nicht-erwünschte) Reaktion derer, die sein Flugblatt lesen (sollen). Er agiert damit zwar zunächst auf den ersten Blick isoliert, sein Handeln antizipiert aber den Dritten und zielt auf eine Interaktion, ist also, wenn auch in einem minimalen Sinn, soziales Handeln. Damit zeigt sich auch: Soziales Handeln beginnt nicht erst mit dem Zusammenschluss von mehreren Menschen, sondern soziales Handeln findet auch in einer scheinbar isolierten Handlung statt, da sich diese bewusst oder unbewusst auf soziale Referenzrahmen bezieht, in denen sie sich vollzieht und durch die sie selbst geprägt wird (vgl. Caemmerer u.a. 2010). Ein anderes, zugleich sehr prominentes Beispiel aus der Soziologiegeschichte, das soziales Handeln im Widerspruch zum umgangssprachlichen Verständnis begreifbar gemacht hat: Émile Durkheim hat in seiner Studie *Le suicide. Étude de sociologie* (1897) gezeigt, dass die Selbsttötung ein sozialer Akt *par excellence* ist, da sie einerseits, obgleich sie individuell vollzogen wird, auf soziale Entwicklungen, Enttäuschungen und Kränkungen reagiert und andererseits die denkbar radikalste Form der Kritik an der jeweils bestehenden sozialen Ordnung ist, die mit dem Selbstmord in finaler und kompromissloser Weise negiert wird.

Insofern spielen mit Blick auf »das« Soziale unterschiedliche Abstraktionsgrade von Vergesellschaftung eine Rolle, die gleichermaßen die individuelle (mikrosoziale) wie die strukturelle (makrosoziale), aber auch die vermittelnde Dimension zwischen beiden Ebenen umfassen. Denn jede Struktur einer Gesellschaft wird geprägt durch die in ihr agierenden Individuen, wie zugleich die Individuen in ihrem Handeln durch die gesellschaftliche Struktur prädisponiert sind. Das Soziale entwickelt sich gerade in den fortwährenden, stets unabgeschlossenen und zu keiner Zeit unter Laborbedingungen zu untersuchenden Wechselbeziehungen zwischen Individuum und Struktur, beide wie ihre Interaktionsebenen sind Gegenstand sozialwissenschaftlicher Forschung, die von einer Mikroebene der Vergesellschaftung (dem Individuum) über die Mesoebene (der Interaktion und Vermittlung) bis zur Makroebene (der gesellschaftlichen und politischen Struktur) reicht. Die Differenzierung innerhalb der sozialwissenschaftlichen Disziplinen zeigt nun, weshalb eine Integration unterschiedlicher Fächer nicht nur empirisch und historisch festzustellen, sondern auch normativ sinnvoll ist: Denn die sachliche und methodische Kompetenz des Blickwinkels, den einzelne sozialwissenschaftliche Teildisziplinen auf ein und denselben Gegenstand werfen, ist jeweils eine ganz andere – und damit unterscheidet sich auch das jeweilige Erkenntnispotenzial über diesen Gegenstand. Zugleich verweist dieser Umstand auch auf das Potenzial der strukturellen Unabgeschlossenheit der sozialwissenschaftlichen Kanonbildung selbst, denn im Prinzip hat (fast) jedes Fach die Möglichkeit, eine sozialwissenschaftliche Blickrichtung zu integrieren und somit seine eigene Fachkompetenz sozialwissenschaftlich zu schärfen. Sozialwissenschaften sind also, vorläufig aus einer empirisch-historischen Perspektive formuliert, diejenigen Disziplinen, die sich für mit einem gegenüber Dritten zugeschriebenen Sinn versehenes Handeln auf unterschiedlichen Abstraktionsebenen von Vergesellschaftung interessieren.

Mit dieser Annäherung wird freilich, was nicht unterschlagen werden soll, vom Verfasser selbst auch eine Form der Wertung vorgenommen, die konstruierender Natur ist: Mit der Systematisierung der Sozialwissenschaften, wie sie in dieser Einführung in ihrer historischen Entwicklung, in ihrer systematischen Abgrenzung und in ihrer begrifflichen Kernorientierung entfaltet wird, wird die empirische Wirklichkeit einer Interpretation unterzogen; und zwar einer spezifischen Interpretation, die – trotz aller Widersprüche und Konflikte – in der Genese der sozialwissenschaftlichen Fächer das erkenntnistheoretische und methodologische Moment der Integration betont und insofern für die Einbeziehung der einzelnen Fächer in die Systematik als Sozialwissenschaften plädiert.

Ob und inwiefern diese hier offensiv vertretene Möglichkeit einer Integration und die Notwendigkeit von Verbindungen tatsächlich zutreffend sind, ist selbst Gegenstand der wissenschaftstheoretischen Debatte: Am deutlichsten lässt sich dies vielleicht an der Disziplingeschichte der Psychologie ablesen, deren Selbstverständigung in dem großen Spannungsfeld zwischen Naturwissenschaften bzw. Medizin auf der einen und geistes- bzw. sozialwissenschaftlicher Orientierung auf der anderen Seite hin- und herpendelt (vgl. Galliker u.a. 2007; Lück 2011; Walach 2009). Je nachdem, welches Selbstverständnis von Psychologie angelegt wird, tendiert das Fach mehr in die eine, mehr in die andere Richtung – und dies jeweils mit der Option, die Zuordnung als exklusiv oder als additiv zu verstehen. Ähnlich verhält es sich etwa in der ethnologischen Diskussion, die sogar begrifflich zur Differenzierung zwischen Völkerkunde, (Kultur-)Anthropologie, Ethnologie und Europäischer Ethnologie geführt hat, in welcher sich das Spannungsfeld der (Nicht-)Zugehörigkeit zu den Sozialwissenschaften – bei einer Alternativorientierung als Geisteswissenschaft – andeutet (vgl. Eriksen 2001; Heidemann 2011; Kohl 2000).

Die hier vertretene Prämisse besteht aber gerade darin, nicht die (trennenden) disziplinären Perspektiven einzunehmen, die nach der Geschichte der Fächer als universitäre und außeruniversitäre Professionen, der Entstehung und Entwicklung von Fachvereinigungen, der Orientierung auf monolithische Studiengangsstrukturierungen oder der Fokussierung auf die – ohne Zweifel in einigen theoretischen oder methodischen Fragen durchaus markanten – Differenzen zwischen den Fächern fragen. Sondern sie besteht im Gegenteil darin, ausgehend von den erkenntnistheoretischen und methodologischen Gemeinsamkeiten sowie der prinzipiellen Orientierung an einem vergleichbaren Erkenntnisinteresse, das in der Auskunft über soziale Sachverhalte besteht, den Blick auf das integrative Moment zu richten. Allen sozialwissenschaftlichen Teildisziplinen kommen spezifische Kompetenzen zu, mit deren Hilfe sich unterschiedliche Abstraktionsdimensionen von Vergesellschaftung reflektieren und analysieren lassen.

Der Fokus dieser Einführung in die Sozialwissenschaften, die gleichermaßen historisch-rekonstruktiv, systematisch wie begriffskritisch angelegt ist, liegt insofern auf den integrativen Perspektiven der Sozialwissenschaften, auf den für die Interaktion und Integration der Disziplinen zentralen (methodologischen bzw. erkenntnistheoretischen) Debatten über das Soziale, auf Kontroversen und Verständigungsversuchen, die auf die Erkenntnis des Sozialen (und nicht einfach nur des Geistes oder der Natur, die beide freilich auch Gegenstand sozialwissenschaftlicher Forschung sein können) gerichtet sind, auf (Selbst-)Verständigungen, was das Soziale ist oder sein sollte.

Diese Einführung ist dabei orientiert an politischen und gesellschaftlichen Interessen und Konflikten als dem Zentrum einer sozialwissenschaftlichen Forschung, die das Individuum als Subjekt versteht und damit nicht isoliert betrachtet, sondern – im Unterschied etwa zu vielen naturwissenschaftlichen oder medizinischen Lesarten – als gesellschaftliches Wesen begreift. Sie ist damit eingebettet in ein gleichermaßen generatives wie genealogisches Verständnis von sozialer Entwicklung und Geschichte, aber auch in die Vorstellung einer prinzipiellen Veränderbarkeit von Gesellschaft und Politik infolge von Differenzen und Konflikten, die mit der Annahme korrespondiert, den eigenen Forschungsgegenstand niemals im Sinne eines Versuches unter Laborbedingungen isoliert und zugleich beliebig reproduzierbar betrachten zu können. Und dies verweist – je nach erkenntnistheoretischem Standort – zugleich auf das Problem oder die Herausforderung, dass der sozialwissenschaftlich Forschende selbst Teil seines/ihres Forschungsgegenstandes ist, ganz gleich, wie intensiv die Bemühungen um Objektivität oder Verfremdung auch sein mögen.

Die vorliegende Einführung ist in drei Teile gegliedert. Im ersten Teil erfolgt eine historisch-rekonstruktiv angelegte Darstellung der Entstehung und Entwicklung der Sozialwissenschaften, die ihren Ausgangspunkt im 18. Jahrhundert hat und bei der Darstellung ihrer Genese auch die Vorgeschichte der Sozialwissenschaften berücksichtigt (Kapitel 1). Orientiert an der Überlegung von Thomas S. Kuhn (1962), dass es vor allem »Paradigmenwechsel« sind, die unseren Blick auf die Geschichte von wissenschaftlichen Disziplinen prägen, folgt auf die Vorgeschichte der Sozialwissenschaften und die Darstellung ihrer Entstehung eine Auseinandersetzung mit den großen wissenschaftstheoretischen und methodologischen Debatten, die in der ersten Hälfte des 20. Jahrhunderts um die Frage nach dem wissenschaftlichen, gesellschaftlichen und politischen Standort der Sozialwissenschaften und ihrem Verhältnis zur Wert- und Objektivitätsfrage geführt wurden (Kapitel 2). Als mit dem Positivismusstreit in den 1960er Jahren erstmals ein weitgehender Konsens darüber hergestellt zu sein schien, was denn die (trennenden) Streit- und Konfliktfelder in der sozialwissenschaftlichen Erkenntnistheorie und Methodologie sind, wurde dieser *Konsens im Dissens* aus neuen Richtungen infrage gestellt – waren doch sozialwissenschaftliche Reflexionen bis dato weitgehend ohne die Kategorien Kultur, Sprache und Geschlecht und damit ohne die Einbeziehung ganz grundsätzlicher Relativierungen als allgemeingültig unterstellter Postulate erfolgt (Kapitel 3). Waren diese paradigmatischen Wechsel der erkenntnistheoretischen Blickwinkel in den Sozialwissenschaften noch an konzeptionellen Fragen orientiert, so wendete sich die sozialwissenschaftliche Debatte seit den 1990er Jahren stärker formalisierten Aspekte zu, die vor allem methodologischen Charakter hatten und die Frage thematisierten, ob sozialwissenschaftliche Erkenntnis mehr auf eine Quantifizierbarkeit, eine Qualifizierbarkeit oder eine Theoretisierbarkeit von Aussagen über das Soziale aus sein solle – oder mehreres davon zugleich leisten müsse (Kapitel 4).

Der zweite Teil wendet sich den Gemeinsamkeiten und Differenzierungen der Sozialwissenschaften in einer systematischen Perspektive zu. Hier werden die drei großen metatheoretischen Grundierungen sozialwissenschaftlicher Forschung – normativ (Kapitel 5), empirisch (Kapitel 6), kritisch (Kapitel 7) – systematisch-vergleichend dargestellt und im Hinblick auf ihre jeweilige Relevanz und Genese innerhalb der einzelnen sozialwissenschaftlichen Teildisziplinen sowie auf wissenschaftstheoretische Grundorientierungen, die sich aus den Metatheorien ableiten, vorgestellt.

Der dritte Teil wendet sich zentralen Schlüsselkategorien sozialwissenschaftlicher Forschung zu, die – wenngleich mit zum Teil nicht identischer Gewichtung – in allen sozialwissenschaftlichen Teildisziplinen zentrale Erkenntnisdimensionen darstellen und damit Schlüssel- bzw. Leitbegriffe sozialwissenschaftlicher Forschung sind. Jeweils in einem Begriffspaar werden Entwicklungen und Kontroversen sozialwissenschaftlicher Begriffsdiskussion sowohl mit Blick auf Differenzen, die zwischen den Teildisziplinen, wie auch mit Blick auf Differenzen, die zwischen unterschiedlichen metatheoretischen Schulen der Sozialwissenschaften bestehen, vorgestellt. Die Orientierung an den Begriffspaaren Macht und Herrschaft (Kapitel 8), Staat und Gesellschaft (Kapitel 9), Interesse und Konflikt (Kapitel 10), Sozialisation und Geschlecht (Kapitel 11) sowie Religion und Kultur (Kapitel 12) soll dabei in begriffstheoretischer Hinsicht die historischen Entwicklungen der Sozialwissenschaften rekonstruieren und überdies die drei Abstraktionsebenen von Vergesellschaftung (mikro – meso – makro) auf der begrifflichen Ebene reflektieren.

I. Paradigmenwechsel in den Sozialwissenschaften: Historische Entwicklungen

Die Ursprünge der Sozialwissenschaften liegen gleichermaßen im geistes- wie im naturwissenschaftlichen Bereich. Die Transformation von geistes- bzw. naturwissenschaftlichen Fragen zu sozialwissenschaftlichen und damit der wissenschaftliche Blick auf den Menschen in seinem sozialen Kontext sind selbst Ergebnis eines historischen Wandels, der im 19. Jahrhundert kulminierte, aber eine mehrere Jahrhunderte lange Vorgeschichte hatte: »In der Verknüpfung der modernen Begriffe ›Gesellschaft‹ und ›Wissenschaft‹ präsentiert sich der Anspruch, die Gesellschaft bzw. das Soziale über wissenschaftliche Aufklärung erklärbar und verstehbar, verfügbar und veränderbar zu machen. Der Bezug von Wissenschaft auf Gesellschaft sollte zugleich im Sinne der Entwicklung und Gestaltung gesellschaftlicher Verhältnisse praktisch wirksam werden.« (Pankoke 1984: 997)

Die zentrale Voraussetzung, die die Denkweisen der Geistes- und Naturwissenschaften zu sozialwissenschaftlichen Perspektiven erweitern bzw. verändern konnte, war die Entstehung von Gesellschaften im modernen Sinn. Denn soziales Handeln in einem gesellschaftlichen Kontext ist an eine Reihe von historischen Voraussetzungen geknüpft, die das Soziale zu einem neuzeitlichen Phänomen machen (vgl. Maus 1962: 3 ff.). Anders formuliert: Wurde zwar unbestreitbar in Antike und Mittelalter bereits über zwischenmenschliche Fragen debattiert, so fehlte diesen noch gänzlich die charakteristische Dimension des gesellschaftlich Sozialen – das zugleich zeitlich und räumlich konkrete und damit kontextualisierte (Selbst-)Verständnis als Subjekt in einem kommunikativen Interaktionsverhältnis mit anderen Subjekten (vgl. Salzborn 2012a: 19 ff.). Schließlich war der Mensch in der Vormodere ja genau das nicht: Subjekt in einem sich bewussten, von anderen getrennten und damit potenziell die eigenen Lebensrealitäten selbst gestaltenden Sinn (vgl. Sartori 1992).

1. Die Entstehung der Sozialwissenschaften

Die Vorgeschichte der Entstehung der Sozialwissenschaften lässt sich eingrenzen auf die Makroepoche der Frühen Neuzeit von der Mitte des 16. bis zum Ende des 18. Jahrhunderts, die ihren Ausgangspunkt in etwa im Augsburger Religionsfrieden von 1555 und ihren Endpunkt in der Französischen Revolution von 1789 hatte (vgl. Schwan 1991: 157). Geistesgeschichtlich ist diese Zeit geprägt durch den Humanismus und die Aufklärung, politisch durch ein langsames Bröckeln absolutistischer Ordnungssysteme und einen Wandel von ihrer höfischen zu einer aufgeklärten Organisation, religiös durch die Reformation und damit die Spaltung des Christentums. Es handelte sich um eine Zeit epochaler Umbrüche in Europa, in der die christliche Religion ihre Rolle als geistiger Rahmen für die philosophische Interpretation der Welt einbüßte, ohne damit allerdings den Glauben aus der Welt verschwinden zu lassen. Politisch lässt sich dies auf den Begriff der Säkularisierung bringen, (religions-)philosophisch auf den des Deismus. Das »Monopol auf Heilsvermittlung« (Korte 2006: 18) fiel, die christliche Religion verlor mit der Französischen Revolution, in den Worten von Alexander Schwan (1991: 158), ihre »offizielle, bis dahin noch immer privilegierte Stellung als geistig-politische Legitimations- und Sanktionsmacht für das staatliche Leben; sie wird mit den alten politischen Mächten entthront.«

An ihre Stelle trat, erkenntnistheoretisch, ein auf Erfahrungen, Skeptizismus und Wahrscheinlichkeitsannahmen gegründetes Wissenschaftsverständnis, für das die Namen Nikolaus Kopernikus, Galileo Galilei, Johannes Kepler und Isaac Newton stehen und welches das mittelalterliche Weltbild im unmittelbarsten Sinn aus den Angeln hob, indem es scholastische und neoaristotelische Annahmen mit einem neuen, vor allem naturwissenschaftlich begründeten Rationalismus konfrontierte (vgl. Cohen 1994; Crombie 1995). Aber die naturwissenschaftlichen Vorstellungen, besonders der Physik (Mechanik) und der Biologie (Anatomie), hatten auch unmittelbaren Einfluss auf die Bilder der politischen Welt, die in der Frühen Neuzeit entstanden und sinnbildlich etwa in der Körpermetaphorik des *Leviathan* von Thomas Hobbes (1651) und der Metapher von der »unsichtbaren Hand« bei Adam Smith (1776) oder den natur(rechts)philosophischen Legitimierungen menschlichen Handelns bei David Hume (1739/40) oder Samuel Pufendorf (1672) ihren Niederschlag fanden.

Entscheidend war die Entstehung eines Bewusstseins von der Subjekthaftigkeit des Menschen, die ihn im Prozess der Aufklärung zu einem sozialen und politischen Akteur machte. Besonders René Descartes (1641) forcierte mit seiner Betonung des Zweifels als methodischem Erkenntnisprinzip auf der Suche nach dem Fundament der Wahrheit menschlichen Seins eine erkenntnistheoretische Reflexion des Subjekts, die es durch Denken und Begreifen (*ego cogito*) in die Lage des Erkennens seiner sebst *als Subjekt* versetzt: »Die Wahrheit der Welt wird jetzt nicht mehr verstanden als Unverborgenheit des Kosmos (Antike) oder als gegründet in der Offenbarung Gottes (biblisches Christentum) – also als Geschehen, die der Mensch empfängt, sofern er für sie aufnahmebereit ist. Sondern Wahrheit ist seit Descartes die Gewißheit, die sich der Mensch selbst von einer Sache, den Dingen und der Welt im Ganzen verschafft.« (Schwan 1991: 159)

Damit wurde zwar Gott (noch) nicht im Sinne des Atheismus infrage, aber eben doch in Abrede gestellt, dass Gott unmittelbar und fortwährend Einfluss auf das menschliche Leben, die Entwicklungen der menschlichen Geschichte oder überhaupt auf die Beziehungen der Menschen untereinander nimmt. Die philosophischen Überlegungen, die auf Descartes aufbauten (wie jene Baruch de Spinozas, Gottfried Wilhelm Leibniz' oder Immanuel Kants), zogen zwar die Existenz Gottes und seine Rolle als Schöpfer der Welt und der Menschen nicht in Zweifel, hinterfragten aber seine Beweisbarkeit und leiteten aus diesem Skeptizismus die erkenntnistheoretische Konsequenz ab, dass – ganz gleich, ob Gott existiert oder nicht – seine Funktion lediglich in der Schöpfung und der aus ihr resultierenden Logik gesehen werden könne. Weil Gott ebenso wenig unmittelbaren Einfluss auf das Leben und Handeln des Menschen habe wie auf die konkrete Konstituierung menschlicher Vernunft und damit den Menschen als in Denken und Handeln autonomes Subjekt (vgl. Schwan 1991: 161 f.), ergebe sich daraus aber keinerlei Konsequenz für das Leben der Menschen im Diesseits. Der methodologische Blick auf das menschliche Zusammenleben, der hier philosophisch vom scholastischen Postulat emanzipiert wurde, fand in der empirischen Wende des Blicks auf das Politische durch Niccolò Machiavelli (1513; 1531) auch eine handlungspraktische Revision, die in der funktionalen Orientierung auf Macht und Erfolg (und nicht auf Ethik und Moral) bestand.

Im Prozess der Zurückdrängung des allumfassenden Erklärungsanspruchs der Religion durch die Philosophie der Aufklärung nahmen die Naturwissenschaften den Platz von göttlicher Vorsehung und göttlichen Gesetzen ein. Der Glaube wurde durch das empirisch Mess- und Beobachtbare ersetzt. Die vor allem im 18. Jahrhundert zu erheblicher Bedeutung gelangten Berichte von überseeischen Reisen, die Darstellungen und Systematisierung der Erfahrungen in der »Neuen Welt« und die Konfrontation mit »anderen« Lebensrealitäten prägten aber zugleich auch ein

Bild einer in »quasi-natürliche Entitäten« (Lentz 1995: 58) differenzierten Menschheit. Denn die wahrnehmbaren Differenzen in der Entwicklung der Gesellschaften wurden nicht etwa historisch erklärt, sondern »unter Rückgriff auf natürliche Gesetzmäßigkeiten« (ebd.) begriffen. Es entstand ein Bild des Andersseins von Menschen, das zudem zu Klassifizierungen und Hierarchisierungen führte: »Die traditionelle Auffassung, daß es sich in der Aufklärung um eine Phase westlicher Geschichte gehandelt habe, in der humanistische und universalistische Verhaltensdoktrien entwickelt wurden, ist durchaus gerechtfertigt, aber Humanismus und Universalismus galten explizit oder implizit nur für weiße, wohlhabende und gebildete Männer.« (Ebd.: 61)

Die Ausprägung und Fortentwicklung der modernen (Natur-) Wissenschaften war als »Dialektik der Aufklärung« (Horkheimer/Adorno 1947) zudem mit der Fundierung von Ordnungssystemen ethnologischen und rassistischen Zuschnitts verknüpft: »Während das Gleichheitspostulat als universelles formuliert, jedoch nur zögerlich und partiell umgesetzt worden ist, wurden auf der ideologischen Ebene gleichzeitig auch Argumentationsmuster entwickelt, die der Legitimation von Ungleichheit dienten.« (Hentges 1999: 281) Mit der trotz dieser Ambivalenzen und Widersprüche vollzogenen erkenntnistheoretischen Wende im Menschenbild wurde der Mensch vom Objekt der Politik zu deren Subjekt, die Aufklärung begründete – in den Worten Immanuel Kants (1784: 53) – den »Ausgang des Menschen aus seiner selbst verschuldeten Unmündigkeit«. Tradierte Denk- und Herrschaftsformen wurden kritisiert und durch eine vom Postulat der Vernunft inspirierte Weltsicht infrage gestellt. Auf der Basis von empirisch und naturwissenschaftlich motivierten Weltbetrachtungen entstand eine Kritik an Metaphysik, Religion und Aberglaube, die die mittelalterliche Herrschaft situiert hatten und nun am Vernunft- und Gleichheitspostulat gemessen wurden.

Karl Marx (1844: 378) schrieb später, die Kritik der Religion, die sich im Zeitalter der Aufklärung keineswegs radikal im Sinne eines atheistischen Postulats, wohl aber nachhaltig im Sinne einer deistischen Herrschaftskritik artikuliert habe, sei die »Voraussetzung aller Kritik«. Eine politische Emanzipation der Herrschaftsverhältnisse wurde denkbar, weil die wesentlichen erkenntnistheoretischen Voraussetzungen geschaffen waren.

Für die Konstituierung eines »sozialen Raumes« (Bourdieu 1994) spielte dabei die Herausbildung einer modernen Vorstellung von Zeit während der Aufklärung eine zentrale Rolle. Denn die Zeit – genauer: die menschliche Herstellung einer technischen Messbarkeit der Zeit – ist die Voraussetzung für die Annahme von sozialen Differenzen, die über das Konkrete, das erreichbare und wahrnehmbare (Nah-)Umfeld, hinausgehen. Ein Nebeneffekt der Nutzung von Zeit zur einheitlichen Messung von Arbeitsquanta (vgl. Marx 1859: 15 ff.) war die Möglichkeit zu einem über die konkrete Lebensumgebung der Individuen hinausgehenden räumlichen Vergleich. Entgegen der vorkapitalistischen, religiös dominierten Zeitauffassung (»messianische Zeit«), in der Vergangenheit und Zukunft in einer unmittelbaren Gegenwart zusammenfielen, entstand im Gefolge der Aufklärung eine Vorstellung von »homogener und leerer Zeit« (Benjamin 1977: 258), die nicht durch Präfiguration und Erfüllung gekennzeichnet war, sondern durch eine mittels Uhr und Kalender messbare zeitliche Deckung und die »Vorstellung eines sozialen Organismus, der sich bestimmbar durch eine homogene und leere Zeit bewegt« (Anderson 1996: 33). Die damit entstehende Vorstellung von historischer Zeit schuf die Wahrnehmung von verschiedenen Ereignissen, die zum selben Zeitpunkt an unterschiedlichen Orten stattfinden, und zwar sowohl in der Gegenwart als auch in der Vergangenheit.

Die Notwendigkeit der einheitlichen Messung von Zeit und damit der Ermöglichung einer Vorstellung von sozialen Orten war auch die zwingende Voraussetzung für die Etablierung einer kapitalistischen anstelle einer feudalen Produktionsweise, deren Übergang durch die zunehmende Bedeutung von Handwerk, Handel und Manufakturen, aber auch durch die sich intensivierende Arbeitsteilung gekennzeichnet war. Im Gegensatz zum Feudalismus, der durch das Privateigentum an Grund und Boden und ein beschränktes Eigentum am Produzenten (Leibeigene und hörige Bauern, welche selbst durch Frondienste einen Teil des Grund und Bodens zur eigenen Bewirtschaftung überlassen bekamen), geprägt war, strukturierte sich der Kapitalismus durch das Privateigentum an Produktionsmitteln bei einer abstrakten Rechtsgleichheit infolge der Emanzipation des Bürgertums. Aus der starren Ständestruktur wurde so eine durchlässige Klassenstruktur, die nun ihrerseits nicht mehr durch einen politischen, sondern durch einen ökonomischen Mechanismus reguliert wurde.

Die damit hergestellte innergesellschaftliche Mobilität, bei der nicht mehr die Geburt über die soziale und ökonomische Stellung entschied, sondern eine vertikale Durchlässigkeit auf der Basis von rechtlicher und politischer Gleichheit entstand, basierte auf der Weltanschauung des Liberalismus, der die Rechtsgleichheit als zwingende Voraussetzung für die Entfaltung individueller Freiheit reklamierte und damit auch eine prinzipielle Partizipation derjenigen an der Herrschafts- und Rechtsordnung durchsetzen wollte, die diese betraf. Die Voraussetzung hierfür war nicht nur eine zunehmende Alphabetisierung, sondern mehr noch die Erfindung des Buchdrucks, die allgemeiner werdende Verfügbarkeit von (zweifelndem) Wissen (vgl. Osterhammel 2009: 1105 ff.). Mit dem Beginn der Etablierung von national-einheitlichen Vehikularsprachen entwickelte sich in der Frühen Neuzeit ein politischer Raum, der kommunikative Prozesse jenseits rein autoritativer Anweisungen nicht nur ermöglichte, sondern zugleich auch selbst der unmittelbare sprachliche Motor für die Etablierung von demokratischen Herrschaftsformationen in der Moderne war (vgl. Salzborn 2012a). Insofern Herrschaft nun eine, wie auch immer geartete, Legitimation durch die Beherrschten voraussetzte, bedurfte sie der Kommunikation in einem nicht-privaten und nicht-geheimen Raum von Gesellschaft, einer »Öffentlichkeit«.

Die wesentliche Voraussetzung für Öffentlichkeit, die zugleich auch immer wieder in kommunikativen Prozessen eingefordert wurde, war die transparente Struktur herrschaftlicher Institutionen und herrschaftlichen Handelns innerhalb eines Gemeinwesens, wobei der Öffentlichkeit neben dieser bilateralen Kontrollfunktion auch die der Artikulation gesellschaftlicher Interessenpluralitäten zukam (vgl. Habermas 1962). Aufgrund der Interessenkonkurrenzen und der politischen Konflikte innerhalb eines Gemeinwesens begann sich Öffentlichkeit damit als heterogener Raum zu konstituieren, in dem um die Akzeptanz von Legitimations- und Rechtfertigungsmodellen von Herrschaft gestritten wurde, was ihre partielle oder generelle Kritik einschloss. Bedingung wie Voraussetzung von Öffentlichkeit, ohne die eine Legitimationsnotwendigkeit von Herrschaft nicht hergestellt werden konnte (nur Phänomene, die bekannt sind, können diskutiert und damit auch infrage gestellt werden), war die Schaffung eines »politischen Raumes« (Greven 1998), der den handelnden Akteuren ein hinreichendes Maß an Sicherheit, zunächst und vor allem in physischer Hinsicht, ermöglichte; einer Sicherheit, die auf einer verbindlichen Übereinkunft der Gesellschaft basierte: dem Vertrag.

Die Idee des Vertrages, die maßgeblich mit den Namen Thomas Hobbes (1651), John Locke (1690) und Jean-Jacques Rousseau (1762) verbunden ist, besteht darin, dass ein – zunächst hypothetischer – Vertrag zwischen allen Mitgliedern eines Gemeinwesens zur Begründung von Herrschaftsverhältnissen notwendig sei (vgl. Salzborn 2010). Im Unterschied zur mittelalterlichen Herrschaftsbegründung, bei der es nicht um die Legitimation, sondern um Herrschaftstechniken ging, rückte diese Vertragsidee den Menschen (wenngleich zunächst nur den besitzenden Menschen männlichen Geschlechts) in den Mittelpunkt, der als Subjekt über seine (Nicht-)Partizipation an Herrschaftsfragen und damit zugleich seine aktive (Nicht-)Teilnahme an Herrschaftsprozessen selbst entscheiden sollte. Herrschaft war im Sinn des Kontraktualismus nur dann legitim, wenn sie auf einer gemeinsamen Übereinkunft im Sinne eines Gesellschaftsvertrages basierte, der die Herrschenden zur Ausübung ihres Gewaltmonopols ermächtigte – sei es durch einmalige Initiierung (wie bei Hobbes), durch Repräsentation (wie bei Locke) oder durch Identität (wie bei Rousseau). Damit erschlossen die Vertragstheoretiker den politischen Raum für soziales Handeln, dem zugleich eine (natur-)rechtliche Basis und damit eine strukturelle Ordnungsdimension auf allgemeiner und gleicher Grundlage gegeben wurde.

Das Moment der Gleichheit artikulierte sich als Forderungs- und später auch Maßnahmenkatalog in den politischen Erklärungen der großen bürgerlichen Revolutionen auf dem Kontinent sowie in Übersee und konkretisierte dabei die Forderungen nach gleichen und allgemeinen Menschen- und Bürgerrechten – bereits zu dieser Zeit um die erst Jahrhunderte später verwirklichte Forderung nach Frauenrechten ergänzt (vgl. Holland-Cunz 2003). Mit dem Gedanken und der Praxis der bürgerlichen Emanzipation brachen die alten Ordnungs- und Herrschaftssysteme, die fast ausschließlich durch den König (oder den hohen Adel und Klerus) symbolisiert worden waren, nach und nach zusammen. An ihre Stelle trat der mit einem Gewaltmonopol versehene Staat, der die altständische Ordnung der Häuser als weitgehend autarker Lebensumkreise einer Familie einschließlich ihrer Diener und Sklaven (vgl. Otis-Cour 2000: 25) und ihrer hierarchischen Dienst- und Schutzbeziehungen ohne einheitliche Generalnormierung ablöste. Er zeichnete sich durch eine monopolisierte, zunehmend auch legitime physische Gewaltsamkeit (Weber 1921; 1966) als rationale, aufgeklärte Grundlage aus, mit einem bürokratischen Staatsapparat und einer abstrakten und allgemeinen Normenordnung, die ihrerseits wiederum den Möglichkeitsraum für die Entstehung moderner Gesellschaften als sozialer Ordnungen bot.

Die Sozialwissenschaften entstanden aus dem Geist der Geistes- und Naturwissenschaften, bedurften der einen wie der anderen als Voraussetzung, emanzipierten sich aber zugleich von beiden durch ihr spezifisches Erkenntnisinteresse auf der einen und ihren erkenntnistheoretisch veränderten Blick auf die menschliche als soziale Wirklichkeit auf der anderen Seite. Verbindet die Sozialwissenschaften dabei mit den Geisteswissenschaften der Fokus auf den Menschen und seine (sprachlichen, bildlichen usw.) Erzeugnisse, so trennt sie die Frage nach dem sozialen Kontext und damit der Interessengebundenheit menschlicher Erzeugnisse. Im Verhältnis zu den Naturwissenschaften verhält es sich spiegelbildlich, da beide die Emanzipation vom (religiösen) Glauben und damit die Emanzipation des Menschen zum Subjekt verbindet, aber der (Nicht-)Glaube an Natürlichkeit oder kulturell-soziale Veränderbarkeit sie trennt. Die systematischen Schnittmengen zwischen Sozial- und Geisteswissenschaften entstehen deshalb, mit Werner J. Patzelt (1986: 7) gesprochen, an der Stelle, an der die »Hervorbringungen des menschlichen Geistes« in Bezug zu den »Abläufen und Ergebnissen menschlichen Handelns stehen«, während diese wiederum den Berührungspunkt zur naturwissenschaftlichen Frage nach der »Beschaffenheit der (un-)belebten Natur« darstellen, die durch menschliches Handeln geformt und verändert wird.

2. Sozialwissenschaften in der Selbstfindung: Politisch, neutral, wertfrei, intervenierend?

Eines der zentralen, sich aus dem Abgrenzungsprozess gegenüber Geistes- und Naturwissenschaften in der Frühen Neuzeit entwickelnden sozialwissenschaftlichen Versprechen war das der Emanzipation von Metaphysik und Aberglaube. An ihre Stelle, so die Hoffnung, sollte das aufgeklärte Subjekt treten und sich in die Lage versetzen, kritisch wie selbstkritisch seine sozialen Kontexte zu verstehen und zu erklären. Das Versprechen der Aufklärung war allerdings, retrospektiv betrachtet, nur ein halbiertes und blieb uneingelöst, weil der Glaube an Gott durch einen neuen, säkularen Glauben an Natur und Technik ersetzt wurde, oftmals auch nur durch diesen ergänzt zwecks Delegierung menschlicher (Selbst-)Verantwortung. Gleichwohl stand an der Schwelle zum 20. Jahrhundert das sozialwissenschaftliche Versprechen auf soziale Emanzipation als Subjekt. Offen war dabei aber, wie es eingelöst werden sollte, mit welcher wissenschaftstheoretischen Legitimation, mit welchem methodologischen Anspruch, unter Bezugnahme auf welche den Geistes- und Naturwissenschaften entliehenen, diese erweiternden oder auch von diesen unabhängigen Methoden es zu konkretisieren war.

Das erkenntnistheoretische Dilemma dieser Selbstverortung bestand darin, dass eine Emanzipation von der scholastischen bzw. neoaristotelischen Ethik historisch nicht vollständig stattgefunden hatte, also das Postulat eines sittlichen oder moralischen Anspruchs weiterhin existierte, zugleich aber mit dem Objektivitätspostulat der neu entstandenen naturwissenschaftlichen Erkenntnislogik konkurrierte. Wäre es also für die sozialwissenschaftliche Forschung der Königsweg, von den Naturwissenschaften neben ihrem Skeptizismus gegenüber metaphysischen Unterstellungen auch ihren methodischen Anspruch auf eine wertneutrale und damit potenziell unabhängig von subjektiven Faktoren reproduzierbare Methodenlehre zu übernehmen? Oder sollte es vielmehr der von den Geisteswissenschaften der Aufklärung übernommene revolutionäre Anspruch sein, aus dem sich der Impuls zur kritischen Intervention und Veränderung bestehender Systeme der Herrschaftslegitimation, also ein explizit politisches und alles andere als wertneutrales Motiv sozialwissenschaftlicher Forschung, zu begründen habe? War damit also der Anspruch sozialwissenschaftlicher Forschung ein politischer – oder ein neutraler? Sollten die Sozialwissenschaften wertfrei operieren – oder gesellschaftlich intervenieren?

Diese Fragen, die den Beginn sozialwissenschaftlicher Forschung prägen und die zentralen erkenntnistheoretischen Debatten über gut sechzig Jahre anregen sollten, sind auch heute noch offen – und werden sich wohl nie in Konsens auflösen, weil die Ambivalenz einer Antwort auf die Frage nach der Selbstlokalisierung der Sozialwissenschaften mit der Ambivalenz ihrer Konstituierung korrespondiert. Jeder Versuch einer Festlegung würde deshalb auch genau jene historisch begründete und in die Genese der Sozialwissenschaften eingeschriebene Zerrissenheit zerstören und damit ihren Charakter als Sozialwissenschaften infrage stellen. Und darum ist es auch charakteristisch für die Sozialwissenschaften, dass ihre »Selbstfindung« nie zu einem Ende kommen kann – womit sie sich nicht von den Natur- und den Geisteswissenschaften unterscheiden, allerdings dadurch von ihnen abheben, dass in dieser Unabgeschlossenheit kein Manko, sondern eine Stärke gesehen werden kann. Die Naturwissenschaften hingegen beziehen einen wesentlichen Teil ihrer Selbstlegitimation aus dem Anspruch, verbindliches Wissen zu präsentieren, das jedoch tatsächlich genauso nachhaltigen und fortwährenden Revisionen ausgesetzt ist wie jenes der Sozial- oder Geisteswissenschaften (vgl. Kuhn 1962; Lakatos 1978; Feyerabend 1981).

Im Selbstfindungsprozess der Sozialwissenschaften ist zu unterscheiden zwischen den Prozessen der Professionalisierung und Institutionalisierung auf der einen und denen der Selbstverständigung und internen Abgrenzung auf der anderen Seite. Während Erstgenannte jeweils fachintern abliefen bzw. ablaufen und die Binnenperspektiven der sozialwissenschaftlichen Teildisziplinen betreffen, sind Letztgenannte der Ort für interdisziplinäre Auseinandersetzungen um die Frage, worin die Aufgabe sozialwissenschaftlicher Forschung – und ihre Methodik – überhaupt bestehen kann oder soll (vgl. Carrier 2008; Meidl 2009; Schnädelbach 2008). Letztere betreffen insofern paradigmatische Fragen und damit die metatheoretische Reflexionsebene der Sozialwissenschaften, bei der es um Aspekte der (Selbst-)Reflexion und (Selbst-)Kritik geht, also die erkenntnistheoretische Dimension mit Blick auf die Inklusion oder Exklusion sozialwissenschaftlicher Forschung in das Soziale und damit die Gesellschaft selbst. Die drei zentralen sozialwissenschaftlichen Selbstverständigungsdebatten, die vom Beginn des 20. Jahrhunderts bis weit in seine Mitte hineinreichen und durch ihre erkenntnistheoretischen und methodologischen Festlegungen das Spannungsfeld sozialwissenschaftlicher Selbstverständigung auch noch in der Gegenwart prägen (vgl. Keuth 1989; Ritsert 2003; Zecha 2006), sind die Werturteilsdiskussion um die Jahrhundertwende, der Weimarer Methodenstreit in den 1920/30er Jahren und der Positivismusstreit in den 1960er Jahren.

Ihren Ausgangspunkt hatte die Werturteilsdiskussion in der Nationalökonomie und der entstehenden Soziologie (vgl. Lindenlaub 1967; Nau 1996). In dem 1872/73 gegründeten Verein für Socialpolitik, dessen selbst gestellte Aufgabe die wissenschaftliche Analyse sozialpolitischer Sachverhalte in den Konflikten zwischen Kapital und Arbeit war, war die Frage aufgekommen, ob die eigene Forschung dazu legitimiert sei, auf der Basis wissenschaftlicher Erkenntnisse wertende Aussagen zu formulieren, die wissenschaftlich und/oder politisch intervenierenden Charakter haben. Die Vorgeschichte der Werturteilsdiskussion bestand in mehreren Aufsätzen von Gustav Schmoller, Max Weber, Lujo Brentano und Werner Sombart in den 1880/90er Jahren, die Anlass für drei größere Debatten bei den Generalversammlungen des Vereins für Socialpolitik in den Jahren 1905, 1909 und 1911 boten (vgl. Albert 2010: 16). In den Diskussionen ging es, wie Gert Albert (2010: 15) schreibt, um Antworten auf folgende Fragen:

> »Ist der Ökonom – oder Soziologe – *wissenschaftlich* berechtigt, aufgrund seiner Forschung wertende Stellungnahmen zu praktischen Fragen, insbesondere aus dem Bereich der Wirtschafts- und Sozialpolitik, abzugeben? Tragen solche Werturteile ebenso objektiven Charakter wie die wissenschaftlichen Sätze der empirischen und theoretischen Forschung? Und darf der Gelehrte daher in Forschung und Lehre Werturteile beispielsweise in Form wirtschaftspolitischer Forderungen abgeben und hinsichtlich ihrer Geltung auf deren wissenschaftliche Objektivität pochen?«

Der etablierte Status quo um die Jahrhundertwende bestand in der von der Historischen Schule der Nationalökonomie vertretenen Annahme einer Durchsetzung von sittlichen bzw. ethischen Wertideen in der Geschichte und postulierte, dass eine Wertfreiheit von Wissenschaft nicht nur nicht möglich, sondern auch nicht sinnvoll sei (vgl. Brandt 1993). Denn Werturteile wurden nicht als rein subjektive Angelegenheiten begriffen, sondern mit Blick auf ihren potenziell objektiven Charakter im Gegenteil nicht als Widerspruch zu wissenschaftlichen Analysen verstanden. Wesentlich war das Argument, dass ethische Erkenntnisse sich wissenschaftsgeschichtlich zunehmend empirisch grundieren ließen und insofern bereits der wissenschaftstheoretische Ansatz der Nationalökonomie realistisch – und damit gerade nicht ontologisch überformt – sei. Entscheidend sei, dass neben der subjektiven Wahrheitsinterpretation eben eine objektive Wahrheit von Geschichte und Gesellschaft existiere, die wiederum mit objektiven Werturteilen korrespondiere. Insofern seien Werturteile auch nicht der wissenschaftlichen Überprüfbarkeit entzogen, da es einen Unterschied mache, ob sie auf willkürlichen Meinungen des Subjekts basierten oder in wissenschaftlich begründeten, d.h. auf Generalisierung und Allgemeingültigkeit zielenden Kontexten formuliert würden. Zentral sei somit nicht die Frage der Wertung, sondern jene der Widerspruchsfreiheit von Argumentationen (vgl. Albert 2010: 21 f.).

Gegen diesen Ansatz wandte sich Max Weber (1904; 1918), der eine Werturteilsfreiheit der Wissenschaft und damit eine Wertfreiheit von ökonomischen und soziologischen Aussagen forderte. Sozialwissenschaftliche Erfahrung und Erkenntnis sei frei von gesellschaftlichen Wertungen und damit letztlich objektiv, so dass erfahrungs-, d.h. sozialwissenschaftliche Aussagen von subjektiven Wertungen getrennt und subjektive Urteile und objektive Wissenschaft nicht vermischt werden sollten. Entscheidend für Webers Argument war, dass wissenschaftliche Urteile sowohl auf der Basis von Tatsachen und Fakten wie auf der Basis von Werten und Wertungen formuliert sein könnten, der zentrale Unterschied zwischen beiden Varianten aber darin bestehe, dass Tatsachenurteile intersubjektive Gültigkeit für sich beanspruchen könnten, Werturteile hingegen wissenschaftlich nicht begründbar seien. Für Weber folgte somit aus dem (empirischen) Sein kein (normatives) Sollen, sondern vielmehr erzeugte die Sein-Sollen-Dichotomie für ihn – in Anlehnung an John Stuart Mill formuliert – einen »Polytheismus« (Weber 1919: 328) der Werte, der zwar politisch und gesellschaftlich bestehe, aber gerade deshalb nicht wissenschaftlich. Webers Ziel war es, wie M. Rainer Lepsius (1981: 13) bilanzierte, die »Soziologie als eine empirische, auf dem methodischen Individualismus aufbauende, werturteilsfreie Wissenschaft zu entwickeln«.

Die Werturteilsdiskussion war durch zwei immanente Widersprüche gekennzeichnet: zunächst durch das logische Dilemma, dass allein das Postulat der Werturteilsfreiheit faktisch ein Werturteil ist. Denn in der Begründung, dass wissenschaftliche Erkenntnisse von wertenden Urteilen getrennt werden sollten, lag nicht nur eine explizit normative Dimension der Entscheidung, sondern zugleich auch eine wertende Parteinahme zugunsten eines Wissenschaftsverständnisses, in dem argumentative Hoheit über die Frage, was Werturteile letztlich seien, reklamiert wird, ohne dass diese Frage allgemein zu beantworten wäre. Das zweite Dilemma schließt unmittelbar an das erste an: Es wird nämlich suggeriert, dass empirische Forschung werturteilsfrei sein könne, obgleich gerade diese einen – eben impliziten und nicht expliziten – Ballast an Wertungen integriert und damit eben nicht objektiv, sondern allenfalls weitgehend frei von Subjektivierungen sein kann. Schießlich sind bereits die Vorauswahl einer wissenschaftlichen Fragestellung, der für ihre Beforschung als sinnvoll erachteten Methoden und die Frage von persönlichen Vorkenntnissen und Vorprägungen bei einer Untersuchung als latente Wertdimensionen ganz entscheidend für das Ergebnis – ganz gleich, ob das formalisierte Vorgehen dann in einem empirischen Sinn objektiv ist.

Fast zeitgleich zur Werturteilsdiskussion in der Nationalökonomie begann in den 1920er Jahren auch eine Debatte über sozialwissenschaftlich geprägte Erkenntnisprobleme in den Rechtswissenschaften, die als Weimarer Methodenstreit bekannt geworden ist (vgl. Friedrich 1977; Geis 1989; Sontheimer 1994; Stolleis 1999) und vor allem unter Staats- und Verfassungsrechtlern wie Hans Kelsen, Rudolf Smend, Hermann Heller und Carl Schmitt geführt wurde. Charakteristisch, und damit der Werturteilsdiskussion sehr ähnlich, war auch im Weimarer Methodenstreit die Erschütterung geisteswissenschaftlicher Erkenntnis durch sozialwissenschaftliche Ansprüche als erkenntnistheoretische und methodologische Herausforderungen. Der genealogische Zusammenhang von sozialer und rechtlicher Ordnung war dabei noch intensiver und expliziter als das entsprechende Verhältnis in der nationalökonomischen Diskussion, denn während diese vor allem von idealistischen Annahmen der Aufklärungsphilosophie inspiriert worden war, basierte jene auf einem unmittelbaren Zusammenhang von Recht und Gesellschaft durch ihren Fokus auf das Verhältnis von Natur und Vernunft. Schlüsselfragen der vor allem entlang von juristischen Einführungsbüchern ausgetragenen Debatte waren die nach dem Verhältnis von Staat und Recht, nach dem (alleinigen) Gültigkeitsanspruch von Rechtspositivismus oder Naturrechtslehre sowie die nach dem Primat von Verfassungsnorm oder von Verfassungswirklichkeit.

Die konkurrierenden Standpunkte, die entlang der Orientierung an der reinen Rechtsnorm (Kelsen), der Integrationslehre (Smend), der sozialen Kontextualisierung von Recht (Heller) oder der faktischen Macht der Entscheidung (Schmitt) verlaufen (vgl. Stolleis 2001: 5), sind recht anschaulich anhand der Differenzen zwischen Hans Kelsen und Carl Schmitt zu verdeutlichen. Beide waren, wenngleich an verschiedenen Enden des politischen Spektrums, selbst politisch aktiv (Kelsen sozialdemokratisch orientiert und Vater der österreichischen Verfassung, Schmitt Verfechter eines politischen Katholizismus und Vordenker des NS-Rechtsverständnisses), so dass die methodologischen Differenzen in deutlich stärkerem Maße auf strukturtheoretischer Ebene formuliert wurden als noch in der Werturteilsdiskussion.

Kelsen (1925) vertrat die Position, dass eine strikte Trennung zwischen einem rechtlichen und einem soziologischen Staatsbegriff erfolgen müsse, die einerseits darauf ziele, dass zwischen Recht und Moral kategorisch zu trennen sei und überdies Recht folglich nicht aus Werthaltungen, sondern nur aus Recht, Normen nur aus Normen abzuleiten seien. Der Staat müsse sich stets mit geltendem Recht identifizieren, wobei das Primat nicht beim Staat, sondern beim Recht und der durch es konstituierten Normenordnung liege. Recht betreffe insofern als Norm stets das Sollen – und nicht das Sein, im Sinne der sozialen Wirklichkeit. Naturrecht war für Kelsen deshalb auch nichts anderes als »juristische Metaphysik«, dem positiven Recht steht mit der Naturrechtsargumentation der Anspruch einer »positiven Religion« gegenüber (vgl. Kelsen 1927: 53 f.). Auffällig an Kelsens Argumentation war, dass er in seiner Analyse nicht nur wesentliche Züge der rechtstheoretischen Angriffe des Nationalsozialismus auf die bürgerliche Rechtsstruktur quasi vorab einer Kritik unterzog, sondern auch den Kern sozialwissenschaftlicher Konstituierungsprobleme objektiver Strukturen erfasste – er sah, dass eine juristische Normenordnung durch quasi-religiöse Naturrechtsansprüche, die die Philosophie der Aufklärung durch die Ablehnung ontologischer Heilslehren durchaus in kritischer Absicht im Blick, aber faktisch durch die Naturrechtsphilosophie in struktureller Neuverklärung reformuliert hatte, konterkariert werden kann.

Die zentrale Gegenposition zu Kelsen formulierte Carl Schmitt (1928). Er maß der Verfassungswirklichkeit einen weit größeren Stellenwert bei als der Verfassungsnorm, sah also das Primat der

Soziologie vor dem Recht und damit des Naturrechts – das er, konsequenterweise, in antiaufklärerischer Intention wieder katholisch wendete – vor dem positiven, d.h. dem jeweils durch Gesetze und Verordnungen geltenden Recht. Schmitt hatte in seiner *Verfassungslehre* (1928) im Nachgang zu seinen Arbeiten zur Souveränitätslegitimierung und parallel zu seiner Supremaatieerklärung des Politischen die Ansätze des Normativismus und des Positivismus mit ihren jeweiligen Fokussierungen auf das geschlossene Normensystem und die positive Verfassungsordnung kritisiert und auf eine prozessuale Dynamik im politischen Raum hingewiesen, die mitnichten durch ein rein positives Rechtsverständnis begreifbar gemacht werden könne. Neben den positiven Normierungen von politischen Ordnungen spielten die individuellen wie kollektiven Verarbeitungs- und Reflexionsprozesse innerhalb der jeweiligen Gesellschaften eine zentrale Rolle, insbesondere der politische Wille, woraus folgte, dass Normexistenz und Normkenntnis eben nicht gleichbedeutend seien mit Normakzeptanz. War an diesem Ansatz die Differenzierung zwischen Norm und Wirklichkeit und damit die Hervorhebung sozialer Faktizitäten eine überzeugende Erweiterung der rechtswissenschaftlichen durch eine sozialwissenschaftliche Perspektive, so lag in ihr auch eine grundlegende Akzentverschiebung des sozialen Anspruchs. Denn der von Schmitt formulierten Primatsetzung des Politischen und dem mit ihr eingeräumten Vorrang von Richterrecht vor positivem Recht lag die Annahme essentialistischer Differenzen zugrunde, die auf einer kategorialen Freund-Feind-Orientierung basierte (Schmitt 1963; siehe hierzu auch Salzborn 2011a), welcher anstelle von Normen nur noch die (subjektiv-willkürliche) Entscheidung zugrunde lag. Schmitt vollzog damit eine dezisionistische Formierung des Rechts und eine voluntaristische Neuakzentuierung der gesellschaftlichen Wirklichkeit in Gestalt eines ethnisch-homogenen Gemeinschaftsideals und räumte außerrechtlichen Kategorien (Wille, Volk, Gemeinwohl, Sitten etc.) zentrale Qualitäten für die Rechtsetzung ein (vgl. Fraenkel 1941; Neumann 1944).

Mit dem Weimarer Methodenstreit war das sozialwissenschaftliche Debattenfeld um die Dimension der strukturellen Verstetigung erweitert worden, ging es doch nun nicht mehr allein um die Rolle des Forschenden und seine mögliche Objektivität, sondern auch um die Frage nach objektiven, d.h. allgemeingültigen Kategorien für die Strukturanalyse und das Verhältnis von Gesellschaft und Politik. Die Debatte hatte sich, wenn man so will, von der Mikro- auf die Makroebene verlagert und drehte sich zwar letztlich um das identische erkenntnistheoretische Problem, wechselte hierfür allerdings die Blickrichtung, wobei nun jedoch die politische Funktion, die (sozial-)wissenschaftliche Forschung wissend oder unwissend einnimmt, von keiner Seite generell in Abrede gestellt wurde.

Beim Positivismusstreit, der seinen Namen Theodor W. Adorno verdankt, blieb die strukturanalytische Perspektive erhalten, wurde allerdings zugleich mit der mikrosozialen konfrontiert. Denn während im Positivismusstreit die Anhänger einer gesellschaftskritischen Position der Kritischen Theorie vor allem über die objektive Struktur und Funktion von Gesellschaft (also die Makroebene) sprachen, diskutierten die Anhänger des Kritischen Rationalismus vor allem über die subjektive Dimension von Vergesellschaftung und die Rolle von Wissenschaft in ihr (also die Mikroebene). Der Positivismusstreit, der die Debattenstränge der Werturteilsdiskussion wieder aufgriff (vgl. Albert/Topitsch 1971; Dahms 1994; Topitsch 1965), kann insofern, jenseits markanter inhaltlicher Differenzen um eine positive oder eine negative Reflexion von gesellschaftlicher Wirklichkeit bzw. Totalität, auch als ein großes sozialwissenschaftliches Missverständnis gelesen werden. In ihm vertraten die Kontrahenten zwar jeweils vehement ihre Positionen, argumentierten aber oftmals genauso präzise aneinander vorbei (vgl. Salzborn 2012b).

Seinen formalisierten Ausgangspunkt hatte der Positivismusstreit in einer Arbeitstagung der Deutschen Gesellschaft für Soziologie im Jahr 1961, bei der Karl R. Popper den Eröffnungsvortrag über die »Logik der Sozialwissenschaften« hielt, den Theodor W. Adorno mit einem Koreferat beantwortete, auf das noch eine Reihe von weiteren Positionen folgte, insbesondere von Hans Albert, Jürgen Habermas und Ralf Dahrendorf (vgl. Adorno u.a. 1969). Im Zentrum stand die Frage, ob das Soziale nur in seiner Totalität oder nur in seinen Segmenten erfasst werden könne, und damit verbunden die Logik der Standortgebundenheit von Wissenschaft als Reflexion über die Frage, ob objektive Aussagen formulierbar seien oder nicht. Popper (1961) argumentierte in Fortsetzung des erfahrungswissenschaftlichen Ansatzes von Weber, dass Sozialwissenschaften keine normative Implikation verfolgen sollten, sondern vielmehr »Lösungsversuche« für »Probleme« auszuprobieren hätten. Ihre Aufgabe sei somit die Falsifikation, die aufgrund fortwährender wissenschaftlicher Erkenntnis niemals abgeschlossen werden könne und insofern einen kritischen Kern in sich trage. Somit sollten die erprobten Lösungen eben immer nur so lange gelten, bis sie widerlegt (falsifiziert) seien, was auch ein Plädoyer für die Übernahme der naturwissenschaftlichen Methodenlogik in die Sozialwissenschaften beinhaltete. Das Objektivitätsparadigma, das Popper in seiner Intention von Weber übernahm, zielte für ihn nun darauf, wissenschaftliche und außerwissenschaftliche Probleme und Werte zu trennen und durch diese Trennung die Wertfreiheit von Wissenschaft zu ermöglichen.

Einig waren sich Popper und Adorno in ihrer scharfen Kritik utopischer Heilsversprechen und ihrer fundamentalen Orientierung an dem Modus der Kritik als sozialwissenschaftlicher Aufgabe – nur dass Popper damit ein wissenschaftlich-technisches Verfahren meinte und Adorno dabei eher gesellschaftliche Negation im Sinn hatte. Denn Adorno (1961) argumentierte nicht aus wissenschaftsimmanenter, sondern aus gesellschaftstheoretischer Perspektive und sah die Aufgabe der Sozialwissenschaften in der Kritik gesellschaftlicher Totalität, der Negation des »gesellschaftlich Unwahren« (Adorno 1969: 382). Da keine naturwissenschaftlichen Laborbedingungen für Gesellschaften existierten und Wissenschaftler immer auch Teil derjenigen gesellschaftlichen Kontexte seien, die sie erforschen, hielt er einen sozialwissenschaftlichen Objektivitätsanspruch für Ideologie und die Trennung von wissenschaftlichen und außerwissenschaftlichen Problemen oder Werten für fiktiv. Aufgrund der Totalität moderner, bürgerlicher Vergesellschaftung war daher für Adorno auch eine Segmentierung in Teilbereiche, die systematisch von anderen getrennt werden können (wie eben die Wissenschaft von der Gesellschaft oder der Politik), ideologisch, weil es »kein richtiges Leben im falschen« (Adorno 1951: 43) geben könne.

Beim resümierenden Blick auf die erkenntnistheoretischen und methodologischen Grundlagendebatten bis in die 1960er Jahre zeigen sich die Gemeinsamkeiten der Selbstverständigung darin, dass sich ein Konsens über die Frage herauskristallisierte, worin denn der – oft erbittert ausgetragene – Dissens bestehe. Der damit hergestellte *Konsens im Dissens* bestand in der Debatte über das Verhältnis von Sein und Sollen, also letztlich von Empirie und Theorie und daran anschließend von Norm und Wirklichkeit. Überdies war die Frage nach der Beziehung zwischen Wissenschaft(ler/in) und dem Gegenstand der wissenschaftlichen Forschung sowie dem Verhältnis von (passiver) Beschreibung und (aktiver) Intervention wesentlicher Bestandteil einer in den 1960er Jahren vorläufig abgeschlossenen Selbstverständigungsdebatte in den Sozialwissenschaften.

3. Kultur, Sprache, Geschlecht: Revisionen scheinbarer Gewissheiten

Bis in die späten 1960er Jahre hatte sich in den Sozialwissenschaften ein *Konsens im Dissens* etabliert, viele der folgenden Diskussionen, die in einzelnen Teildisziplinen geführt wurden, reproduzierten diesen in Varianten oder übertrugen das Muster ins jeweilige Fach – so etwa die Erklären-Verstehen-Debatte in den 1970/80er Jahren (vgl. Kelle 1994: 57 ff., 2008: 25 ff.). Die erkenntnistheoretischen Fronten waren klar, eine Revision der eigenen Positionen wurde nur selten wirklich angestrebt, es ging vielmehr um die (wissenschafts-)öffentliche Reproduktion bekannter Differenzen, eine (Re-)Inszenierung des Dissenses. Diese erkenntnistheoretische Waffenstillstandslinie hatte zugleich aber auch einen Normalzustand auf subtiler Ebene etabliert. Über den Streitgegenstand war man sich einig, auch wenn man die jeweils konkurrierende(n) Position(en) nicht teilte – ein Normalzustand, der schleichend auch eine Diskussionsstruktur fixiert hatte, die männlich dominiert und bürgerlich geprägt war.

Das Irritierende an diesem männlich-bürgerlichen Normalzustand war, mit Erich Fromm (1941) gesprochen, dass als »normal« gleichermaßen das Hegemoniale (also das Normale im Sinne des als normal Akzeptierten und soziale Etablierten) wie das Richtige (also das Normale in einem imperativen Sinn als das Erstrebenswerte) bezeichnet werden konnte und gerade der (selbst-)kritische Impuls der drei großen sozialwissenschaftlichen Kontroversen der vorangegangenen Jahrzehnte es eigentlich verbat, die eigene Position als schlichtweg »richtig« zu unterstellen. Gleichwohl war der Spielraum der Sozialwissenschaften limitiert, denn trotz ihrer nach wie vor bestehenden Marginalisierung im Verhältnis zu den Natur- und Geisteswissenschaften war doch auch eine wissenschaftliche und universitäre Etablierung erreicht worden,[1] so dass das eigene Normalitätsparadigma exkludierenden Charakter hatte. Denn sozialwissenschaftliches Fragen (und damit auch die Möglichkeit, innerhalb eines *bestimmten* Rahmens kontrovers zu sein) hat etwas mit dem sozialen Ort des Fragenden zu tun – und dieser soziale Ort war und ist eben nicht einfach ein männlicher und/oder ein bürgerlicher. Nicht zuletzt inspiriert durch die sozialen und politischen Reformen, die antikapitalistischen und antimilitaristischen Proteste sowie die Studierendenbewegungen der 1960er und 1970er Jahre (die nicht immer aufklärerischen Charakter, aber oft einen solchen Anspruch hatten) erweiterte sich der erkenntnistheoretische Horizont der Sozialwissenschaften jenseits des etablierten Konsens durch eine Neuorientierung auf die Dimensionen von Kultur, Sprache und Geschlecht, die nicht nur als (neue) Themenfelder der Sozialwissenschaften, sondern gerade als erkenntnistheoretische und methodologische Interventionen zu verstehen waren.

Die Erweiterung der sozialwissenschaftlichen Forschung um eine kulturanalytische Perspektive, die über den engen geisteswissenschaftlichen Begriff von Kultur als Kunst hinausging, basierte vor allem auf einer historischen Irritation: dem Aufstieg und der Etablierung des Nationalsozialismus vor dem Hintergrund einer demokratischen Ordnung (der Weimarer Republik) in einer formal gebildeten Gesellschaft. Einer Annahme zufolge, die maßgeblich aus der von dem Werk *The Civic Culture* (1963) von Gabriel A. Almond und Sidney Verba inspirierten amerikanischen Diskussion stammte, musste eine Diskrepanz zwischen formalisierten sozialen und politischen Ordnungen und ihren informellen Strukturen bestehen, die darauf hindeutete, dass »das Soziale« weder räumlich noch zeitlich kongruent ist, sondern sich in wesentlichen Aspekten der (politischen) Kultur unterscheidet (vgl. Salzborn 2009b). Ein fast identisches Argument der räumlich-zeitlichen Relationalität von Kultur mit einer daraus resultierenden (Ohn-)Macht in politischen und sozialen Beziehungen wurde auch in postkolonialer Perspektive formuliert. Dieser Anstoß zur Irritation der sozialwissenschaftlichen Forschung resultierte allerdings aus einer revidierten Innen/Außen-Perspektive von Kultur, die auf objektiver Marginalisierung und subjektiven Diskriminierungserfahrungen basierte, wie von Frantz Fanon bereits in *Les damnés de la terre* (1961) oder von Homi K. Bhabha später in *The location of culture* (1994) problematisiert.

Umstritten blieb die Bestimmung dessen, was »Kultur« ausmacht – Alfred L. Kroeber und Clyde Kluckhohn (1952: 155 ff.) zählen im Jahr 1952 bereits einhundert unterschiedliche sozial- und kulturwissenschaftliche Auffassungsweisen des Begriffs Kultur, und nicht umsonst hat Max Kaase (1983) das geflügelte Wort populär gemacht, dem zufolge die Definition dessen, was (politische) Kultur sei, dem Versuch ähnele, einen Pudding an die Wand zu nageln. Nichtsdestotrotz lässt sich festhalten, dass in der sozialwissenschaftlichen Diskussion mit Blick auf das Kulturverständnis eine Konkurrenz zwischen essentialistischen (primordialen), konstruktivistischen und ideologiekritischen Positionen existiert: Während die erstgenannte Position davon ausgeht, dass Kultur(en) auf natürlichen, biologisch bzw. anthropologisch fixierten oder entwicklungsgeschichtlich determinierten Faktoren basiert, die kollektiv wirksam seien, richtet die zweitgenannte Position ihren Blick auf die soziale Konstruktion von Kultur(en) als Selbst- und Fremdzuschreibungen, die einen individuellen Deutungsrahmen eröffnen und auch ermöglichen. Letztgenannte Position schließlich sieht in Kultur(en) soziale Konstruktionen, die aber nicht ohne Weiteres dekonstruierbar oder revidierbar sind, also nicht frei gewählt werden können, sondern aufgrund von gesellschaftlichen Determinanten geglaubt werden – dies nicht einfach obwohl, sondern weil sie erfunden sind.

Die kulturanalytische Erweiterung der erkenntnistheoretischen Perspektiven der Sozialwissenschaften beinhaltete sowohl konzeptionelle wie methodologische Revisionen. Konzeptionell bezogen sich diese auf die Integration des Verhältnisses von kulturell geprägtem politischem Bewusstsein in den Dimensionen von Vorstellung, Einstellung, Weltanschauung und Meinung in Bezug auf damit korrespondierende Varianten politischen (Nicht-)Verhaltens (aktiv oder passiv, gewaltfrei oder gewaltförmig, konventionell oder unkonventionell etc.) sowie die Frage nach den Trägergruppen kultureller Vergesellschaftungsformationen (sozial-)strukturell, generationell, geschlechtsspezifisch, national oder übernational usw.), die sich mit Blick auf die jeweiligen gesellschaftlichen Institutionen und Instanzen der politischen Willensbildung, Repräsentation und Sozialisation stark unterscheiden können (vgl. Waschkuhn 2002: 162). Methodologisch wurde damit das zunächst vor allem auf textuelle Dimensionen zur Analyse sozialer Sachverhalte bezogene Repertoire der Sozialwissenschaften durch die kulturanalytische Erweiterung insbesondere um semiologische und ethnografische Perspektiven angereichert, die neben den klassischen Zugehensweisen von Text-, Inhalts- und Diskursanalysen sowie der Umfrage- und Einstellungsforschung nun auch Rituale, Symbole und Symbolisierungen ebenso analysierbar machten wie symbolische Interaktionen oder Handlungsstrukturen und Sozialgefüge durch Verfahren der teilnehmenden Beobachtung (vgl. Berg-Schlosser 1972: 63 ff.; 1994: 349 ff.).

Dass soziale Wirklichkeit nicht nur kulturell verschieden und damit sowohl intra- wie intergesellschaftlich heterogen ist, sondern gerade die Art und Weise, wie von wem über soziale Wirklichkeit(en) gesprochen wird, etwas über die Beschreibung und Konstruktion von sozialer Wirklichkeit selbst aussagt, ist das Hauptargument der sprachanalytischen Revisionen in den Sozialwissenschaften. Maßgeblich von der amerikanischen und französischen Philosophie inspiriert, ging die sprachanalytische Erweiterung der sozialwissenschaftlichen Erkenntnislogik von der Annahme aus, dass Sprache nicht statisch ist, sondern sozial und damit einen dynamischen Zeichencharakter besitzt, der historischer Wandlung unterliegt. Dieser *linguistic turn* (Rorty 1967) bestand zunächst darin, den analytischen Fokus auf die Alltagssprache zu richten und die faktischen Formen und Funktionen von Sprache in den Blick zu nehmen. Maßgeblich für den erkenntnistheoretischen *linguistic turn* in den Sozialwissenschaften waren die Arbeiten *How to do things with words* (1962) von John L. Austin, *Les Mots et les choses. Une archéologie des sciences humaines* (1966) von Michel Foucault und *Speech Acts. An Essay in the Philosophy of Language* (1969) von Richard R. Searle.

Darüber hinaus zielte die sozialwissenschaftliche Erweiterung der Erkenntnislogik um eine sprachanalytische Dimension auf die Schlussfolgerung, dass soziale Wirklichkeit immer sprachlich vermittelt ist und zugleich selbst durch Sprache generiert wird – wobei ein offener Streitpunkt zwischen Pragmatismus und (Post-)Strukturalismus darin besteht, ob es jenseits ihrer sprachlichen Vermittlung überhaupt eine soziale Wahrheit gibt. Im Zentrum des *linguistic turn* standen die »Sprechakte«, da »eine Sprache sprechen bedeutet, Sprechakte auszuführen« (Searle 1983: 30) und insofern Sprechen selbst ein sozialer Akt ist, in dem es darum geht, »how to do things with words« (Austin 1962). Damit ging es sozialwissenschaftlich betrachtet in der Kommunikation nicht um das sprachliche Symbol als Grundeinheit, sondern um seine Produktion im »Vollzug des Sprechaktes« (Searle 1983: 30), der seinerseits auf regelgeleitetem Verhalten basiert. Den kontextuellen Rahmen für diese Regelsysteme schafft dabei, so die Annahme von Foucault (1966), der wissenschaftliche Diskurs, der die Koordinaten dafür herausbildet, was als wahr und was als falsch angesehen wird. Damit sind sprachliche Diskurse für Foucault auch nicht einfach nur Zeichen, sondern Machtpraktiken, mehr als reine Bezeichnungen, sondern Ausdruck eines gesellschaftlichen Machtverhältnisses, in dem Sprache sozialen Ausschluss generiert, was überdies den Möglichkeitsraum dessen, wer was in einer Gesellschaft (legitimerweise) sagen oder nicht sagen kann, markiert. Worin genau dieses »Mehr« von Sprache, das über ihren reinen Bezeichnungscharakter hinausweist, besteht, wird durch diskursive Praktiken formiert (vgl. Fairclough 2008; Wodak/Meyer 2009).

Der Ausschluss von gesellschaftlicher Macht als sozialer Praxis war nicht nur zentrales Motiv für den *linguistic turn*, sondern auch für die erkenntnistheoretische Erweiterung der Sozialwissenschaften um die Dimension Geschlecht bzw. *gender*. Maßgeblich durch die neue Frauenbewegung und die entstehende feministische Frauenforschung seit dem Ende der 1960er Jahre in den als *Malestream* verstandenen *Mainstream* der Sozialwissenschaften hineingetragen, wurde die Kritik an der Praxis des gesellschaftlichen und damit politischen Ausschlusses (von Frauen) in Verbindung mit einer Kritik am dominierenden Politikbegriff (vgl. Maihofer 2006: 64 ff.), der von einer impliziten – jeweils männlich bzw. weiblich konnotierten – Trennung von Öffentlichkeit und Privatheit und damit von Aktivität und Passivität bzw. Macht und Ohnmacht ausging (vgl. Opitz-Belakhal 2010: 97 ff.). Die sozialwissenschaftliche Geschlechter(verhältnis)-forschung, deren wesentliche Impulse bereits auf Simone de Beauvoirs *Le Deuxième Sexe* (1949) zurückgehen, rückte die These in den Mittelpunkt, dass Politik und Gesellschaft ein Geschlecht hätten und In- und Exklusion auf der (impliziten wie expliziten) Trennung von öffentlicher und privater Sphäre basierten (vgl. Becker/Kortendiek 2004). Beauvoir hatte bereits betont, dass man nicht als Frau geboren, sondern durch soziale Praktiken zur Frau gemacht werde, da die in Relation zum Mann stehende Deklarierung zum »anderen« Geschlecht und damit zur Abweichung charakteristisch für Rollenwahrnehmungen sei.

Liegt die erkenntnistheoretische Herausforderung eines derartigen sozialen Konstruktionsprozesses auf der Hand, da in ihm mindestens von einer Verdopplung des Entfremdungspotenzials im sozialwissenschaftlichen Prozess der Selbstreflexion ausgegangen werden muss, so verbleibt die Referenz auf die biologische Dimension der Geschlechterforschung als markante Schnittstelle zu den Naturwissenschaften (vgl. Fausto-Sterling 2000). Die Differenzen in der Geschlechterforschung bestehen dabei entlang der normativen Pole von Differenz- und Gleichheitsansatz mit Blick auf die Frage nach dem Verhältnis zwischen biologischem und sozialem Geschlecht (*sex* und *gender*). Dabei ist umstritten, ob es – abgesehen von einigen relativ banalen anatomischen Differenzen – überhaupt einen biologischen Grund gibt, sozialwissenschaftlich von einer Polarität der Geschlechter auszugehen und diese dann in die – zweifelsfrei sozial hegemoniale Form – der Annahme einer Zweigeschlechtlichkeit zu übersetzen. Oder ob im Gegenteil das soziale Geschlecht sogar derart dominant ist, dass auch eine ganze Reihe von scheinbar rein anthropologischen Merkmalen (Größe, Körperbau etc.) keinen genuin biologischen Ursprung haben, sondern ebenfalls durch kollektiv inszenierte, individuell vollzogene Sozialisations- und Initiationsprozesse und eine daraus resultierende soziale Übereinkunft geprägt werden. Als Argument für die letztgenannte Position wird etwa der in den meisten Staaten der Welt bestehende Zwang zur eindeutigen Zuordnung zu einem von zwei Geschlechtern und die physische Unterdrückung von anatomischen Uneindeutigkeiten bzw. von Zweigeschlechtlichkeit genannt (vgl. Butler 1990; Schröter 2002).

Das erkenntnistheoretische Potenzial der sozialwissenschaftlichen Geschlechterforschung liegt – neben der Thematisierung von sozialen In- und Exklusionsmechanismen – vor allem in der selbstreflexiven Vermeidung von strukturellen Blindheiten gegenüber sozialen Erfahrungsdimensionen und darüber hinaus, in methodologischer Erweiterung, in der Frage nach der Adäquatheit methodischer Herangehensweisen an konkrete Forschungsfragen. Denn die Grundfragen der sozialwissenschaftlichen Geschlechterforschung zielen durch die Einbeziehung der Identitätsdimension – sei es in konstruktivistischer, sei es in dekonstruktivistischer Absicht – auf eine manifeste Integration der Relationen von Subjekt und Objekt der Forschung und damit auf die Notwendigkeit eines methodischen Instrumentariums, das nicht nur die Involviertheit der Forschenden, sondern darüber hinaus die unmittelbare Betroffenheit von ihrer eigenen Forschung zum Gegenstand macht. Die Anerkennung der These von einer geschlechtlichen Dimension von Politik und Gesellschaft stellt schließlich generell das Postulat einer Werturteilsfreiheit infrage und implementiert damit auch eine grundsätzliche Kritik an dem etablierten *Konsens im Dissens* – die Geschlechtlichkeit der Sozialwissenschaften macht einen (wert-)neutralen Standpunkt kategorisch unmöglich, da die Forschungslogik mit Blick auf das Verhältnis von Inklusion und Exklusion, von Repräsentation und Partizipation sowie von Öffentlichkeit und Privatheit nicht von der Vergesellschaftungslogik getrennt werden kann, weil im Unterschied zu der Annahme in der Werturteilsdebatte oder im Positivismusstreit die Identitätszuschreibung keine (auch keine hypothetische) Trennung zwischen Wertneutralität als Wissenschaftler/in und Wertorientierung als sozialem und politischem Wesen *in einer Person* zulässt, sondern ihre Integration an der Faktizität von Körperlichkeit haftet.

Das Verhältnis von Politik, Gesellschaft und Wissenschaft ist unter Berücksichtigung der Dimension von Körperlichkeit eines, in dem eine systematische Sphärentrennung unmöglich wird, weil der (Nicht-)Zugang zu Macht und Herrschaft diese Sphären durchdringt und ein Entrinnen aus diesem Zusammenhang unmöglich ist. Insofern hat die Geschlechterforschung die sozialwissenschaftliche Erkenntnislogik nachhaltig erschüttert, weil sie die stillschweigende Basis aller Kontroversen infrage gestellt hat – die als Epoche umfassender gesellschaftlicher Emanzipation gedeutete Aufklärung. Denn der mit der Aufklärung und dem Liberalismus verbundene Gedanke eines Gesellschaftsvertrages, so hat Carole Pateman in *The Sexual Contract* (1988) argumentiert, war zugleich auch ein Geschlechtervertrag. Und Letzterer habe die vollständige Unterwerfung der Frau unter männliche Herrschaft begründet, da er die Trennung der Gesellschaft in eine öffentliche (männliche) und eine private (weibliche) Sphäre konstituiert habe. Durch die Institutionen Ehe und Familie sei das besitzindividualistische Denken des liberalen Kontraktualismus auf den Körper angewendet und der weibliche Körper der männlichen Kontrolle unterworfen worden. Insofern sei die proklamierte Freiheit der bürgerlichen Gesellschaft stets nur eine halbierte gewesen, weil in der geschlechterhierarchischen Gesellschaft Frauen strukturell von Partizipation ausgeschlossen gewesen seien, sie also zugleich – durch die Reproduktionsfunktion in der Sphäre des Privaten – überhaupt erst (männliche) Öffentlichkeit ermöglicht hätten, selbst aber von ihr ausgeschlossen gewesen seien.

4. Quantifizieren, qualifizieren, theoretisieren? Die Rückkehr der Methodologie

Die Frage nach der Logik der Sozialwissenschaften ist immer auch eine nach ihren erkenntnistheoretischen und methodologischen Grundlagen. Dies gilt sowohl für die Entstehungsgeschichte der Sozialwissenschaften wie für ihre Entwicklungen im 20. Jahrhundert. Nach den erkenntnistheoretischen Erweiterungen der Sozialwissenschaften in den 1970/80er Jahren richtete sich das Interesse seit den 1990er Jahren wieder verstärkt auf die methodologische Ebene – was zugleich Rückbesinnung wie Erweiterung der drei großen erkenntnistheoretischen Debatten bis zum Positivismusstreit war: Rückbesinnung, weil die paradigmatischen Fragen nach dem Verhältnis von Subjekt und Objekt sowie nach der Wertgebundenheit oder Wertneutralität sozialwissenschaftlicher Forschung aufgegriffen wurden, aber auch Erweiterung, weil die erkenntnistheoretische Diskussion nun unter deutlich pragmatischeren Vorzeichen geführt wurde – als methodologische Debatte. Noch immer ging es darum, ob Sozialwissenschaften beschreibend, erklärend, verstehend oder verändernd agieren sollten (oder mehreres davon zugleich), allerdings unter Berücksichtigung des Zusammenhangs dieser Erkenntnisdimensionen bei der Umsetzung in konkrete sozialwissenschaftliche Methoden (vgl. Devereux 1967). Im Zentrum der Diskussion stand nun die Auseinandersetzung darüber, mit welchen Methoden »das Soziale«, auch und gerade angesichts seiner Heterogenität, erforschbar sei und welchen Einfluss das Erkenntnisinteresse und damit der wissenschaftstheoretische und gesellschaftspolitische Standort des Forschenden konkret auf die Methodenwahl habe.

Die Kontroverse vollzog sich entlang von drei leitenden Grundgedanken mit Blick auf die funktionale Differenzierung der sozialwissenschaftlichen Forschungspraxis, die sowohl konkurrierend als auch ergänzend verstanden wurden – und werden. Die erste methodologische Leitlinie orientierte auf das (empirische) Quantifizieren, die zweite auf das (empirische) Qualifizieren und die dritte auf das Theoretisieren von sozialwissenschaftlichen Erkenntnissen (vgl. Outhwaite/Turner 2007). Hinsichtlich der methodologischen Logik der Sozialwissenschaften konkurrierten in diesen drei Leitlinien zwei grundlegend unterschiedene Denkansätze miteinander: der empirische und der theoretische, wobei der empirische eben noch in eine quantitative und eine qualitative Variante ausdifferenziert ist. Die damit formulierte Differenzierung sozialwissenschaftlicher Forschungsleitlinien gilt bis in die Gegenwart, wobei in jüngster Zeit vor allem über das integrative und damit ergänzende Element der unterschiedlichen Ansätze diskutiert wird (vgl. Behnke u.a. 2006). Heute werden sie weniger in ihrer Konfrontation denn in ihrer einander ergänzenden Funktion wahrgenommen, die die methodischen Schwächen der einen durch die Stärken einer anderen Herangehensweise auszugleichen hilft (vgl. Cooper u.a. 2012; Erzberger 1998; Kelle 2008).

Sowohl bei quantitativ-empirischen wie bei qualitativ-empirischen Ansätzen sozialwissenschaftlicher Forschung ist die empirische Herkunft des erkenntnistheoretischen Primats offensichtlich, dass also der epistemologische Schlüssel sozialwissenschaftlicher Erkenntnisfähigkeit im Vorrang der Empirie gesehen und damit dem Sein eine Dominanz gegenüber dem Sollen eingeräumt wird. Bei der Frage, wie das Sein sozialwissenschaftlich erforschbar ist, wird der Blick in der *quantitativen Logik* primär auf soziale Akteurinnen und Akteure gerichtet, also auf Individuen, deren Vor- und Einstellungen zum zentralen Objekt der Forschung gemacht werden (vgl. Diekmann 2009; Kromrey 1998; Kühnel/Krebs 2010; Schnell u.a. 2011). Gesellschaft und soziale wie politische Ordnung werden in einer Beziehung zwischen Mikro- und Makrodimension wahrgenommen, wobei der forschungsleitende Blick auf die Mikroebene gerichtet ist, allerdings nicht, um über die Mikro-, sondern um über die Makroebene Aussagen zu erlangen. Insofern ist der Gegenstand quantitativer Forschung in den Sozialwissenschaften zuallererst das Individuum, die zu treffenden Aussagen und die gewonnenen Erkenntnisse beziehen sich aber auf die Makroebene, also die Gesellschaft, die politische Kultur oder das politische System (vgl. Coleman 1990).

Das Ziel quantitativer Forschung besteht darin, soziale Sachverhalte systematisch zu messen und zu erklären und dabei Hypothesen über soziale und politische Zusammenhänge zu testen. Das operationelle Vorgehen ist in aller Regel standardisiert und – mit gewissen Reliabilitäts- und Validitätseinschränkungen – grundsätzlich wiederholbar. Die Messeinheit, in der soziale Ordnungen sowohl erfasst wie begriffen werden, ist die Zahl, also eine mathematische Größe, die als einer quantifizierbaren und damit letztlich zumeist computergestützten Auswertung zugänglich verstanden wird. Die statistische Normierung quantitativer Forschung macht es möglich, dass unter Heranziehung einer hohen Fallzahl aufgrund der nicht-reaktiven Beziehung zum Forschungsgegenstand eine Isolierbarkeit von Variablen besteht. Die auf diesem Weg gewonnenen Erkenntnisse unterliegen einer prinzipiellen Generalisierungsannahme, die aufgrund statistisch-mathematischer Vorgehensweisen bei Ausblendung individueller Besonderheiten vorgenommen wird.

Die *qualitative Logik* sozialwissenschaftlicher Forschung ist in ihrer erkenntnistheoretischen Grundausrichtung ebenfalls empirisch orientiert, d.h., sie geht epistemologisch wie die quantitative Logik von einem Vorrang des Seins vor dem Sollen aus und betrachtet wie diese vorrangig Akteurinnen und Akteure sozialen Handelns (vgl. Bohnsack 2003; Bohnsack u.a. 2003; Flick 1996; Flick u.a. 2012; Lamnek 2005; Rosenthal 2011). Der signifikante Unterschied zur quantitativen Logik besteht allerdings zum einen darin, nicht nur gegenwärtige Wirklichkeit in den Blick nehmen zu können, sondern auch Vergangenheit(en) und damit historische Prozesse erforschen zu können, zum anderen darin, dass in der Analyseeinheit des Akteurs nicht ein Signifikant für die Struktur gesehen wird, sondern dieser für sich selbst steht, so dass die Analyseeinheit und die Aussageeinheit qualitativer Forschungslogik (die Akteurinnen und Akteure) identisch sind. Folgerichtig zielt der Blick qualitativer Forschung primär auf die Mikro- und die Mesoebene und in der Regel nicht auf die Makroebene, weil der methodische Zugang zu dieser der basalen Grundannahme einer sozial-personalen Identität (im Unterschied zu einer Repräsentation in der quantitativen Logik) widerspräche.

Das Ziel qualitativer Forschung ist denn auch nicht das Erklären, sondern das Verstehen von subjektivem Sinn, wobei dieser oftmals zur Bildung von Hypothesen genutzt wird. Das systematische Vorgehen ist im Regelfall flexibel und offen und insofern nicht duplizierbar. Dieser Aspekt der Nicht-Wiederholbarkeit qualitativer Forschung, der oft zum Gegenstand von »Quali-Quanti-Debatten« über die Frage der Reliabilität und Replizierbarkeit geworden ist, ist dabei kategorisch betrachtet ein deutliches Indiz für die wechselseitige Abhängigkeit von quantitativer und qualitativer Logik, da beide hinsichtlich ihres jeweiligen Primats von Standardisierung und Subjektivität stets ergänzenden – und nicht konkurrierenden Charakter – haben (vgl. Goertz/Mahoney 2012; Seipel/Rieker 2003; Westle 2009). Die Fallzahl qualitativer Forschung ist konsequenterweise immer gering, und die Variablen bleiben kontextgebunden, weil der methodische Zugang in aller Regel reaktiv und damit im doppelten Sinn – sowohl aus der Perspektive des Forschenden wie aus der des Beforschten – subjektiv ist. Eine Generalisierung von Aussagen ist, auch wenn sie forschungspraktisch vorgenommen wird, methodologisch betrachtet nicht möglich, da der Fokus auf den Einzelfall gerichtet bleibt, was zwar eine grundsätzliche Regelhaftigkeit erkennbar werden lassen kann, aber eine Verifikation oder Falsifikation der Regelhaftigkeit selbst unmöglich macht.

In der *theoretischen Logik* der sozialwissenschaftlichen Forschung ist der epistemologische Primat die Theorie, in der dem Sollen ein Vorrang vor dem Sein eingeräumt wird, wobei der methodologische Blick auf gesellschaftliche und politische Strukturen und damit auf die Makroebene gerichtet ist (vgl. Geuss 2008; Gunnell 1986, 2011; Leopold/Stears 2008; Schmitz/Schubert 2006; Vincent 2007). Es werden strukturelle Aspekte von Politik und Gesellschaft analysiert, die gleichzeitig auch im Zentrum der formulierten Erkenntnisse und Annahmen stehen. Damit zeigt sich, dass sowohl qualitative wie auch theoretische Ansätze jeweils eine identische Analyse- und Interpretationseinheit haben – die qualitativen die Akteurinnen/Akteure und die theoretischen die Strukturen –, während quantitative Ansätze genuin mit der Herausforderung konfrontiert sind, von der Akteursebene als Analyseeinheit auf die Strukturebene als Interpretationseinheit schließen zu müssen. Theoretische Ansätze versuchen dabei, wie qualitative Ansätze, Aspekte von Vergesellschaftung zu verstehen (und nur nachrangig zu erklären), allerdings richten sie sich – im Unterschied zu qualitativen Ansätzen – in ihrem Erkenntnisanspruch nicht auf den subjektiven, sondern auf den objektiven Sinn.

Hypothesen werden in theoretischen Methoden bestätigt und/oder verworfen, nehmen damit aber im Unterschied zu den beiden empirischen Methodologien in ihrer Explizitheit einen signifikant geringeren Stellenwert ein.

In der theoretischen Logik besteht ein deutlich geringeres Interesse daran, überhaupt »Hypothesen« im Sinne der empirischen Methodologie zu formulieren, die generiert oder getestet werden könnten, da ihr Aussagegehalt in dieser Frage generell konträr zur empirischen Logik steht: Die Richtigkeit oder Falschheit von objektiven politischen und gesellschaftlichen Strukturen ist eben nicht auf der Akteursebene nachprüfbar, da diese Annahme ein implizites oder explizites Bewusstsein bei den Akteurinnen und Akteuren über die sie prägenden gesellschaftlichen und/oder politischen Strukturen voraussetzen würde, das in den meisten theoretischen Überlegungen verworfen wird: Das Individuum ist erkenntnisfähig, aber »selbst verschuldet« (Kant 1784: 53) nicht-aufgeklärt, insofern besteht die Basis des theoretischen Blicks der Methodologie in der Annahme, dass die Entscheidung darüber, was als Fakt gelten kann, von der Theorie bestimmt wird – alles andere sind Meinungen, Deutungen, Interpretationen subjektiver Art, die erheblich sind für den Bestand oder den Zerfall politischer Ordnungen, aber unerheblich für die Beurteilung, ob sie wahr oder falsch sind. Außen vor bleibt dabei kategorisch die philosophische Frage, ob der Mensch überhaupt dazu in der Lage sein kann, »die« Wahrheit zu erkennen und zu formulieren – es geht hier nach wie vor um den Anspruch der theoretischen Logik, die eben ein genuin anderes Verständnis von Hypothesen hat als die beiden empirischen Logiken.

Folgerichtig ergibt sich daraus auch, dass die Messeinheit des theoretischen Ansatzes Dokumente sind, womit jede Art von menschlichen Hervorbringungen gemeint sein kann, also gleichermaßen Zahlen, Texte, Bilder usw. (vgl. Krumm/Noetzel/Westle

2009). Hinsichtlich seines Vorgehens ist der theoretische Ansatz offen und flexibel, wobei die Kategorie der Fallzahl für theoretische Ansätze aus den bereits skizzierten Gründen einer grundsätzlichen Strukturorientierung und der Hypothesenneutralität unsinnig ist, da es keine »Fälle«, sondern nur »den« einen Fall (die politische bzw. gesellschaftliche Struktur) gibt. Die Variablen sind in der theoretischen Forschung kontextgebunden und nicht standardisierbar, der Einfluss auf den beforschten Gegenstand ist in der Regel nicht-reaktiv. Im Konsens mit dem empirisch-quantitativen Ansatz zielt auch die theoretische Logik auf eine Generalisierung von Aussagen, allerdings nicht durch die Ausblendung individueller Besonderheiten mittels statistischer Verfahren, sondern durch die Integration in eine Gesellschafts- bzw. Politiktheorie, die alle »Einzelfälle« mit zu umfassen in der Lage ist. Hier wird dann auch der signifikante Unterscheid zwischen einem empirischen und einem theoretischen Theoriebegriff deutlich, da im empirischen, vor allem quantitativen Sinn jede Abstraktion als Theorie begriffen wird, die eine allgemeine Gesetzmäßigkeit – welch geringer Reichweite sie auch sein mag – formuliert, im theoretischen Sinn als Theorie aber nur gelten kann, was generalisierende Aussagen über makrostrukturelle Fragen einer Gesellschaft oder eine politischen Ordnung in einem konkreten Raum-Zeit-Kontext ermöglicht (vgl. Höntzsch/Hidalgo/Salzborn 2012). Ist im einen Fall das Verständnis von Theorie das von einer getesteten Hypothese, so ist es im anderen Fall jenes von einem makrostrukturellen Versuch, gesellschaftliche bzw. politische Ordnung als solche zu verstehen.

	Empirie		Theorie
	Quantitative Ansätze	Qualitative Ansätze	
Primat der ...	Empirie	Empirie	Theorie
Blick auf die Gesellschaft	mikro/makro	mikro/meso	makro
analysiert werden ...	Akteure	Akteure	Strukturen
Aussagen werden getroffen über ...	Strukturen	Akteure	Strukturen
Ziel	Messen und Erklären	Verstehen von subjektivem Sinn	Verstehen von objektivem Sinn
Hypothesen ...	testen	generieren	bestätigen/ verwerfen
Messeinheit	Zahlen	Texte	Dokumente
Vorgehen	standardisiert	flexibel/offen	flexibel/offen
Fallzahl	hoch	gering	[unsinnige Kategorie]
Standardisier-barkeit	ja	nein	nein
Variablen	isolierbar	kontext-gebunden	kontext-gebunden
Einfluss auf den Gegenstand	nicht reaktiv	(i.d.R.) reaktiv	(i.d.R.) nicht reaktiv
Generalisierung von Aussagen	ja	nein	ja
Wege der Gene-ralisierung	Ausblendung individueller Besonderheiten	Fokus auf Einzelfall	Integration

Systematische Differenzierung methodologischer Grundannahmen (eigene Darstellung)

Ein wesentlicher Unterschied zwischen den drei großen sozialwissenschaftlichen Debatten (Werturteilsdiskussion, Methodenstreit und Positivismusstreit) sowie den drei erkenntnistheoretischen Revisionen (Kultur, Sprache und Geschlecht) auf der einen und der methodologischen Debatte seit den 1990er Jahren auf der anderen Seite besteht darin, dass Letzterer weniger deutlich konkrete Impulse oder Diskussionskontexte zugeordnet werden können, sie dafür aber mit Variationen in allen sozialwissenschaftlichen Teildisziplinen geführt wurde (vgl. Kelle 2008) – oder nach wie vor geführt wird, da sie stets wiederkehrende erkenntnistheoretische Fragen auf einer pragmatischen Ebene mit methodologischem Erkenntnisinteresse reformuliert hat. Die zentrale sozialwissenschaftliche Differenz in erkenntnistheoretischer Perspektive liegt dabei in den Überzeugungen über die *Form*, die Aussagen über gesellschaftliche Fragen haben müssen, um Aussage*fähigkeit* über gesellschaftliche Fragen zu besitzen (vgl. Hammersley 2011). Dabei bilden sich die Differenzen entlang von sechs normativen Polen ab, die sich jeweils wechselseitig überschneiden und in unterschiedlichen Varianten miteinander kombiniert werden können. Zunächst betrifft dies (1.) generell das Verhältnis von Theorie und Empirie, das (2.) eng mit dem Verhältnis von Geschichte und Gegenwart verbunden ist. In der Schnittmenge von theoretisch und/oder empirischer Selbstverortung im Kontext von historischer und/oder Gegenwartsorientierung liegt die Selbst- und Fremdwahrnehmung der eigenen Rolle als Sozialwissenschaftler/in und damit (3.) die nach dem Verhältnis von Subjekt und Objekt sozialwissenschaftlicher Forschung, die zugleich (4.) den normativen Pol des Verhältnisses von Kritik und Selbstkritik antizipiert. Aus der Annahme oder Ablehnung einer Notwendigkeit von (Selbst-)Kritik in den Sozialwissenschaften resultiert (5.) auch die Polarisierung über die Frage, welche Rolle Vor- und Kontextwissen für sozialwissenschaftliche Forschung spielt – beziehungsweise: ob es überhaupt eine Rolle spielt. Den letzten Pol bildet (6.) schließlich die Differenz der kategorialen Orientierung der Sozialwissenschaften am Prinzip der Wahrheit oder am Prinzip der Nützlichkeit, jeweils nicht als empirischer, sondern als normativer Anspruch verstanden. Entlang dieser sechs normativen Pole haben sich in den Sozialwissenschaften metatheoretische Grundorientierungen entwickelt, die die historische Genese der erkenntnistheoretischen und methodologischen Debatten systematisch integrieren und ausdifferenzieren.

II. Sozialwissenschaftliche Metatheorien: Die Systematik

Die bisherige Darstellung der Sozialwissenschaften erfolgte historisch und hat deren Genese entlang von zentralen Paradigmenwechseln rekonstruiert. Die dabei an konkreten historischen Entwicklungen der Sozialwissenschaften dargestellten erkenntnistheoretischen und methodologischen Aspekte werden im Folgenden systematisch in den Blick genommen: orientiert an den drei sozialwissenschaftlichen Metatheorien, deren Systematik nicht nur für den Vergleich sozialwissenschaftlicher Forschungsansätze nützlich ist, sondern überdies auch eine Klassifizierung konkurrierender Erkenntnisinteressen ermöglicht. Insofern steht hier die Frage nach den erkenntnisleitenden Interessen *systematisch* im Mittelpunkt. Denn Wissenschaft ist niemals voraussetzungslos, wie Rainer-Olaf Schultze (1994: 107) schreibt, sondern wird stets gesellschaftsbezogen betrieben: »Der Erkenntnisprozess ist damit historisch kontingent und strukturell mehrfach vermittelt.«

Die Frage der individuellen und gesellschaftlich-vermittelten Voraussetzungen des Forschenden und seine sich daraus ableitende Befangenheit sowie die damit verknüpfte Werturteilsproblematik sind in den Sozialwissenschaften intensiv diskutiert worden, wobei es jedoch systematisch einer Konkretisierung der von Schultze formulierten These der historischen und strukturellen Vermittlung von Erkenntnis bedarf. Die Idee für eine solche Systematisierung geht zurück auf Überlegungen von Jürgen Habermas, der von einer Dreiteilung sozialwissenschaftlicher Erkenntnisinteressen und daraus resultierend einer analogen Dreiteilung sozialwissenschaftlicher Metatheorien ausging. In seiner Frankfurter Antrittsvorlesung umriss Habermas (1965: 1139 ff.) die Theorie einer grundsätzlich durch »erkenntnisleitende Interessen« bestimmten Wissenschaft (vgl. auch Habermas 1968a), die er in dem Band *Erkenntnis und Interesse* (1968b) weiter ausdifferenzierte. Habermas hat zwischen drei Ausprägungen des Erkenntnisinteresses unterschieden: einerseits einer praktischen, andererseits einer technischen und schließlich einer emanzipatorischen. Diese drei Interessensausprägungen seien den drei sozialwissenschaftlichen Metatheorieentwürfen der normativ-ontologischen, der empirisch-analytischen und der kritisch-dialektischen Forschung zuzuordnen (vgl. Habermas 1965: 1145 ff.).[2] Die Einschätzung der Relevanz und die faktische Interpretation sozialer und politischer Sachverhalte sind demnach von der Verortung des Erkenntnisinteresses in einem dieser Felder abhängig:

»Den empirisch-analytischen Wissenschaften ordnet er (Habermas; Anm. d. Verf.) das technische Erkenntnisinteresse zu. Die erfahrungswissenschaftlich gewonnenen Tatsachen konstituieren sich an den Kriterien der (technischen) Effizienz und des instrumentellen Handelns. Die historisch-hermeneutischen Wissenschaften lassen sich von einem methodologischen Verständnis leiten, in dem ein praktisches Erkenntnisinteresse dominiert. Die Auslegung von Texten und das Sinnverstehen von Handlungen bilden den Rahmen für kulturelle Deutungsmuster der Lebenswelt und für die Problematisierung der Geltung von Handlungsnormen. Normativ orientierte Sozialwissenschaftler zielen dabei darauf, dieses Wissen in praktische Handlungsanweisungen zu überführen. Einer kritisch-dialektisch orientierten Sozialwissenschaft ordnet Habermas ein emanzipatorisches Erkenntnisinteresse zu. Es ist auf die praktische Veränderung bestehender Herrschafts- und Abhängigkeitsverhältnisse gerichtet.« (Schultze 1994: 108)

Metatheorien sind insofern Theorien, die als abstrakte erkenntnistheoretische Entscheidung den unmittelbaren Gesellschafts- oder Politiktheorien vorausgehen und diese zugleich prädominieren, da sie den Blick auf das Soziale konfigurieren. Überdies liegt in den sozialwissenschaftlichen Metatheorien selbst auch ein erkenntnistheoretisches Potenzial – hinsichtlich ihrer Selbstreflexivität, die in den Gedanken einer der Theoriebildung vorausgehenden Grundierung als Wissenschaftstheorie eingelagert ist. Herfried Münkler (1994: 258) fasst Metatheorien in den Sozialwissenschaften insofern auch als das »Reflexivwerden der Wissenschaft hinsichtlich ihrer allgemeinen wie – bezogen auf die Einzelwissenschaften – spezifischen Konstituierungsbedingungen«. Zu diesen Konstituierungsbedingungen gehört genuin das selbstreflexive Moment, das es mit Münkler erlaubt, darüber zu reflektieren, ob sozialwissenschaftliche Forschung aus nomothetischen oder idiografischen Perspektiven betrieben werden kann oder soll, d.h. ob die Suche nach Gesetzmäßigkeiten oder die beschreibende Analyse des Einzelphänomens im Mittelpunkt steht.

Es geht dabei, methodologisch betrachtet, stets um ein Reflexivwerden des eigenen Erkenntnisinteresses, das eben mit Habermas als praktisch, technisch oder emanzipatorisch gefasst werden kann und insofern mit den drei Varianten der sozialwissenschaftlichen Metatheorien korrespondiert. Wesentlich ist dabei, dass das selbstreflexive Moment *auch* darin besteht, in Rechnung zu stellen, dass die drei Metatheorien faktisch Tendenz- und keine Totalitätsbegriffe sind – womit der idealtypisch-philosophischen Behauptung von Habermas an dieser Stelle widersprochen wird, nach der alle sozialwissenschaftlichen Metatheorien auch eindeutig und widerspruchsfrei den Varianten von Erkenntnisinteressen zugeordnet werden können: Die normative, die empirische und die kritische Metatheorie sind insofern zum einen ein Systematisierungsraster, mit dem *sämtliche* sozialwissenschaftliche Forschung klassifiziert und insofern in ihrem Erkenntnisinteresse bestimmt werden kann. Neben dieser Außenperspektive steht jedoch auch die Binnenperspektive, d.h., Selbst- und Fremdwahrnehmung können nicht nur abweichen, sondern die generalisierende Systematisierung kann und darf nicht darüber hinwegtäuschen, dass *jede* sozialwissenschaftliche Forschung *immer* Aspekte aller drei metatheoretischen Dimensionen vereint – nur eben jeweils bei unterschiedlicher Dominanz einer der drei Perspektiven und, wenn man so will, bei unterschiedlicher Relevanz der beiden jeweils anderen Aspekte.

Konkretisiert heißt das, dass *jeder* sozialwissenschaftliche Ansatz *immer* normative, empirische und kritische Aspekte enthält, allerdings immer nur eine der drei Metatheorien sein erkenntnistheoretisches Zentrum bildet, also stets ein Verhältnis von Über- und Unterordnung der metatheoretischen Dimensionen im individuellen Forschungsansatz besteht. Dass jede sozialwissenschaftliche Forschung alle metatheoretischen Aspekte, wenngleich auch jeweils durchaus nur rudimentär, enthält, ja enthalten muss, zeigen bereits logische Überlegungen. In Anlehnung an Franz L. Neumann lässt sich sagen, dass in jeder sozialwissenschaftlichen Überlegung ein nicht-auflösbarer und damit nicht-hintergehbarer Rest an Ontologie enthalten ist (vgl. Salzborn 2009a), sozialwissenschaftliche Forschung also immer von normativen Dimensionen durchzogen ist, weil bereits das Postulat, nicht-normativ zu analysieren, ein normatives Postulat ist. Ähnlich verhält es sich mit der empirischen Dimension: Jedes Material, egal ob Text, Bild oder Zahl, ist empirisch, wenngleich auch oft nur marginal, aber jede Quelle enthält Aspekte empirischer Wirklichkeit, vermittelt oder unvermittelt, historisch oder gegenwärtig. Die kritische Dimension hingegen ist noch deutlich öfter nur rudimentär in sozialwissenschaftlichen Ansätzen ausgeprägt als die normative und die empirische: Aber sie ist doch auch immer vorhanden, weil jede Erkenntnis, zumindest *ex negativo*, das Potenzial der Infragestellung bestehender Ordnungen enthält, eben auch, wenn sie der eigenen Intention nach affirmativ formuliert wird. Denn jede sozialwissenschaftliche Erkenntnis ist auch eine (potenzielle) Erkenntnis über ihr Gegenteil, und der Kern kritischer Metatheorie ist die Negation des Bestehenden – die wiederum auch nicht von Annahmen über Alternativen (als normative Aspekte) vollständig trennbar ist, weil auch die Negation des Bestehenden selbst in ihrer schärfsten Radikalität immer auch den Schimmer des Positiven, als Negation der Negation, enthält, selbst wenn dieser unkonkret bleibt.

Insofern ist die Systematisierung von normativen, empirischen und kritischen Metatheorien der Sozialwissenschaften eine idealtypische, die allerdings trotz ihres idealtypischen Charakters ein hohes Verstehenspotenzial für die grundlegenden Differenzen in den Sozialwissenschaften ermöglicht – im Verhältnis von Wahrheit und Wirklichkeit:

»Wo Wirklichkeit verstanden wird als das, was der Fall ist, liegt die Wahrheit wissenschaftlicher Aussagen in der größtmöglichen Approximation der Bezeichnungen an das Bezeichnete, der Aussagen an das Ausgesagte. Die metatheoretisch ermittelten und gestellten Anforderungen an eine so verstandene wissenschaftliche Theorie sind Systematizität, Formalität und Fundamentalität, durch welche ihre Fähigkeit zu Erklärung und Prognose gesteigert wird.

Normativ-ontologische und kritisch-dialektische Theorien fußen dagegen auf einem Begriff von Wirklichkeit, demzufolge diese über das, was der Fall ist, hinaus normative Potenzen bzw. emanzipatorische Potentiale enthält. Aufgabe der Theorie ist es, diese Potenzen und Potentiale aufzufinden, die sie befördernden und behindernden Faktoren zu ermitteln und dem Gesollten gemäß als Praxis in die Wirklichkeit zu intervenieren. [...]

Metatheoretisch divergent sind hingegen die normativ-ontologischen sowie die kritisch-dialektischen Theorien auf der einen und die empirisch-analytischen und funktionalistischen bzw. systemischen Theorien auf der anderen Seite, insofern letztere auf einer fundamental anderen Konzeption von Wirklichkeit und Wahrheit beruhen und der Vorstellung, der Theorie als Erkennen des Gesollten korrespondiere notwendig die Praxis als dessen Verwirklichung, distanziert bis ablehnend gegenüberstehen. Von entscheidender Bedeutung in der metatheoretischen Kontroverse um die unterschiedlichen Konzeptionen von Wahrheit und Wirklichkeit ist die Frage, ob und inwieweit Fakten und Normen so präzise voneinander separiert werden können, daß Aussagen über Fakten möglich sind, ohne daß auf die Grundüberzeugungen einer bestimmten Kultur auch nur implizit rekurriert wird.« (Münkler 1994: 260f.)

Die begrifflichen Selbstbe- und Fremdzuschreibungen der Metatheorien variieren dabei: Mal ist von historisch-hermeneutischen, mal von normativ-ontologischen, mal nur von normativen Theorien die Rede; mal werden die empirisch-analytischen Ansätze nur empirisch, mal technisch oder auch funktional genannt; kritische Ansätze firmieren sowohl als kritisch-dialektisch wie als historisch-kritisch. Um diesen Ambivalenzen Rechnung zu tragen, aber auch um das Feld der unter diesen metatheoretischen Oberkategorien subsumierten systematischen Theorieansätze[3] begrifflich nicht unnötig einzuengen, wird im Folgenden von normativer, empirischer und kritischer Metatheorie die Rede sein.

5. Normative Ansätze

Normative Metatheorien rücken eine normative Vorstellung von Politik und Gesellschaft in das Zentrum ihrer Aufmerksamkeit. »Normativ« kann dabei konkret allerdings sehr Unterschiedliches bedeuten, abstrakt beschreibt der Begriff der Normativität zunächst einmal den Grundgedanken einer Idee als Wert- und Normvorstellung, die einer stabilen Selbstbegründung zugrunde liegt und damit ein autonomes Leitideensystem formuliert, an dem sich Politik und Gesellschaft orientieren *sollen*. Normative Metatheorien können dabei sowohl im (partiellen oder grundsätzlichen) Einklang wie im (partiellen oder grundsätzlichen) Dissens mit herrschenden Ordnungen stehen, da ihre Leitideenvorstellung genauso etabliert wie oppositionell sein kann. Normative Metatheorien richten sich dabei in der Regel auf Normvorstellungen, die – wenn nicht sogar mit überhistorischem Anspruch versehen – doch zumindest eine überepochale Gültigkeit beanspruchen.

Mit Blick auf die konkrete Dimension von normativen Leitideen heißt das, dass *jeder* gesellschaftstheoretische Ansatz eine normative Dimension haben kann, ganz gleich, ob sein Erkenntnisinteresse praktischer, emanzipatorischer oder technischer Natur ist. Insofern liegt in der Differenz von abstrakter und konkreter Dimension normativer Metatheorien auch eine entscheidende Differenzierung: Konkret kann das Selbstverständnis normativer Metatheorien stark differieren und sogar zu konträren und antagonistischen Positionierungen im Wissenschaftsverständnis führen, auf abstrakter Ebene ist ihm aber eine ontologische Dimension gemeinsam, die normative Metatheorien wissenschaftstheoretisch verbindet: der Glaube an eine subjektunabhängige, Utopie versprechende und damit Objektivität jenseits von sozialen und politischen Konflikten für sich beanspruchende Position. Die normative Geltung liegt ihrem Anspruch nach damit jenseits des Subjekts.

Referenz- und Orientierungspunkte normativer Metatheorien sind oft philosophische bzw. religiöse Wertsysteme, die auf die christlich-jüdische Tradition des Abendlandes, die griechische und römische Antike oder die moralethischen Vorstellungen der europäisch-amerikanischen Geistesgeschichte explizit Bezug nehmen und den innerhalb dieser Wertsysteme entwickelten Moral-, Ethik- und Normvorstellungen einen über ihre sozialhistorische Relevanz hinausgehenden Charakter mit Universalitätsanspruch für die Geschichte und das soziale Zusammenleben der Menschen zusprechen. Die dieser Überzeugung zugrunde liegende Annahme besteht darin, dass in den historisch sich verändernden geistes- und später auch sozialwissenschaftlichen Debatten stets wiederkehrende Probleme und Fragestellungen diskutiert werden, die zwar eine konkrete soziale und zeitliche Ausprägung annehmen, deren Wesen und Charakter aber über ihren engen zeitlichen und räumlichen Horizont hinausweisen. Sie haben also überzeitliche und überräumliche Aspekte zum Gegenstand, die nicht lediglich vor dem jeweiligen epochen- oder kulturspezifischen Erfahrungshorizont diskutiert und gelöst werden können, sondern im Gegenteil aufgrund ihrer Universalität nach einer grundsätzlichen, ja kategorischen Lösung verlangen.

Normative Metatheorien gehen nicht zwingend davon aus, diese Lösung zu kennen – allerdings stets davon, dass es sie gibt. Der Wahrheitsanspruch besteht nicht in einem totalitären Wahrheitsbegriff (zumindest in der Regel nicht, obgleich auch totalitäre Bewegungen von normativen Modellen ausgehen), sondern zunächst einmal in der Annahme, dass eine Wahrheit jenseits des Subjekts existiert und dass der Mensch sich diesem kontextuellen Rahmen zu fügen habe. Ob diese Wahrheit dann in einer christlichen Heils- und Gnadenordnung, einem Hegel'schen Weltgeist, einem kantianischen Vernunftpostulat, einer aristotelischen Moralethik, einem demütigen Naturbegriff oder einem habermasianischen Kommunikationsideal gesehen wird, ist letztlich nicht entscheidend – maßgeblich für normative Metatheorien ist nicht, welche, sondern dass eine positive Vorstellung des Guten, des Richtigen, des Ethischen, des Sinnvollen existiert und das Ziel sozialwissenschaftlicher Forschung darin gesehen wird, diesem Guten, Richtigen, Ethischen und Sinnvollen zur Durchsetzung zu verhelfen. Es geht somit in normativen Metatheorien darum, dem Wesen alles Seienden nachzuspüren und zunächst von der Annahme auszugehen, dass ein solches Wesen im Sinne einer allgemeingültigen und ontologischen Wahrheit überhaupt existiert.

Aus der Perspektive normativer Metatheorien liegt die Aufgabe der Sozialwissenschaften darin, den konzeptionellen Rahmen für wissenschaftliche Forschung und menschliches Zusammenleben in sozialen und politischen Kontexten zu formulieren, d.h. auf eine Ordnung von Politik und Gesellschaft hin zu orientieren, die sich zum einen dadurch auszeichnet, dass sie überhaupt ordnenden Charakter hat, und zum anderen dadurch, dass diese Ordnungsfunktion eben auch der jeweiligen Vorstellung des Normativitätspostulats entspricht. Dabei liegt die Aufgabe sozialwissenschaftlicher Forschung genau darin, diejenigen Momente in der sozialen Wirklichkeit kenntlich zu machen, die dem ontologischen Normativitätspostulat widersprechen, und zugleich den Zugang zu den (möglicherweise verschütteten oder vergessenen) Alternativen und Lösungsmöglichkeiten (wieder) zu eröffnen, also geistes- und sozialwissenschaftliche Traditionen zu reaktivieren und zu mobilisieren. Sozialwissenschaftliche Forschung, die an normativen Metatheorien orientiert ist, erfüllt damit zugleich auch eine archivalische Funktion für die Sozialwissenschaften, da gerade der Rückbezug auf vergangene Debatten und die Erinnerung an bereits erprobte (erfolglose oder erfolgreiche) Politik- und Gesellschaftsmodelle das historische Bewusstsein der Sozialwissenschaften nicht nur schärfen, sondern überhaupt erst herstellen. Ohne eine normative Dimension würde sozialwissenschaftliche Forschung stets gegenwartsfixiert bleiben und damit den Charakter sozialen Wandels sowohl im Sinne des Fort- wie des Rückschritts verkennen müssen.

Gerade in Krisenzeiten sollen geistesgeschichtliche und philosophische Wert- und Normvorstellungen als Orientierungshilfen für Antworten auf die Frage »Was soll sein?« dienen. Zu diesem Zweck werden praktische bzw. pragmatische Handlungsanweisungen formuliert, die auf eine politische, soziale, psychische, pädagogische usw. Revision hinzielen, welche der Wiederentdeckung bzw. Wiederherstellung vergessener und verdrängter Sinnstrukturen dienen soll. Diese verweisen auf ein übermenschliches und transzendentes Moment und sollen der menschlichen Orientierungslosigkeit entgegenwirken. Erkenntnisleitendes Ziel bleibt die Einsicht in das eigentliche Wesen des Seins und der Dinge, das als existent angenommen wird.

Normative Ansätze in den Sozialwissenschaften sind also in ihrem Problemverständnis von Politik und Gesellschaft historisch orientiert, wobei sie eine empirische Ausrichtung im Sinne der empirischen Sozialforschung zumeist ablehnen. Sie sind in ihrer Intention nicht herrschaftskritisch, sondern ordnungsstabilisierend – womit nicht eine konkret herrschende Ordnung gemeint ist, sondern der ordnende Gedanke als solcher. Im Fokus normativer Ansätze steht mithin der (oft, aber nicht zwingend religiöse) Glaube und nicht das Wissen, und insofern normative Ansätze sozialgeschichtlich an das bewahrende und ordnende Moment politischer und sozialer Bewegungen anknüpfen, wohnt normativen Metatheorien auch ein *strukturell* konservatives Moment inne. Die Referenz auf die kosmische Bedingtheit des Menschen und die Annahme überzeitlicher Wahrheiten unterstreichen dabei einerseits die Demut normativer Ansätze vor dem Hintergrund einer begrenzten Erkenntnisfähigkeit des Menschen, unterschätzen aber mitunter auch das subjektive Emanzipationspotenzial der Aufklärung. Methodisch orientieren sich normative Ansätze zumeist an sinnverstehenden Verfahren wie der Phänomenologie, der Hermeneutik, der Textanalyse oder der Topik. Jüngere Varianten normativer Metatheorien sind der Essentialismus bzw. Primordialismus, der (Kultur-)Relativismus, der Universalismus, der Existenzialismus und der Poststrukturalismus bzw. Postmodernismus.

Dem strukturellen Konservatismus normativer Metatheorien liegt der politische Konservatismus im normativen Theorieansatz des *Essentialismus* (auch: *Essenzialismus*) bzw. *Primordialismus* (vgl. Niethammer 2000; Wilkins 2009) am nächsten. Dieser geht davon aus, dass das Soziale als natürliche Kategorie auf der Basis von objektiven und ursprünglichen Dispositionen erfasst und beschrieben werden kann. Auf der Grundlage des menschlichen Bedürfnisses nach Identifikation mit einer sozialen Umwelt misst der Essentialismus den Primärbindungen eine zentrale Bedeutung zu: »Die Religion und der Nationalismus oder auch irgendeine Sitte oder ein noch so absurder und menschenunwürdiger Glaube sind – wenn sie den einzelnen nur mit anderen verbinden – eine Zuflucht vor dem, was der Mensch am meisten fürchtet: die Isolation.« (Fromm 1998: 20 f.) Soziale Differenzierung wird als menschlich-ursprünglich in einem naturalisierten Sinn als Teil des menschlichen Wesens verstanden. Theoretischer Kern dieses Postulats ist die Annahme, dass die sozialen Bindungen des Menschen eine unentrinnbare essentialistische Basis haben. Kultur, Religion, Werte etc. werden diesem Ansatz zufolge durch direkte Vermittlung zwischen den Gruppenangehörigen weitergegeben und gefestigt, wobei eine als natürlich angesehene Verbindung angenommen wird, die unabhängig von realen gesellschaftlichen und politischen Prozessen besteht – mit Edward Shils (1957: 142) gesprochen als »tie of blood«. Die Basis der Bindung an die Wir-Gruppe bildet die Identifikation mit einer kollektiven Identität, in deren Zentrum der Wunsch der Zugehörigkeit, der Identifikation und des Teilhabens *und* Teilwerdens steht (vgl. Hondrich 1996: 100 ff.). Varianten des essentialistischen Theorieansatzes finden sich unter anderem in sozialanthropologischen und soziobiologischen Überlegungen.

In konzeptioneller Beziehung zum Essentialismus stehen die normativen Theorieansätze des *(Kultur-)Relativismus* (bisweilen auch *Partikularismus* genannt) und des *Universalismus*, bei denen es sich jeweils um konkurrierende und einander ausschließende Entwürfe handelt (vgl. Bickmann/Wirtz 2011; Steinmann/Scherer 1998; Tönnies 2001). Während der Relativismus die normativ angenommene Differenz zwischen Menschen in ihren sozialen Beziehungen im Sinne des Essentialismus aufgreift und als kulturelle Differenzen ausdeutet, stellt der Universalismus diese Differenzierung infrage und proklamiert auf der Basis von als universal angenommenen Prinzipien eine universalistische Gleichheit aller Menschen in ihren jeweils spezifischen sozialen Kontexten. Der Universalismus ist dabei ein Beispiel dafür, dass normative Ansätze – im Unterschied zu dem Postulat von Habermas – durchaus ein emanzipatorisches Erkenntnisinteresse verfolgen können. Während der Relativismus für eine Systematisierung der Menschen in Kulturen plädiert, die er für das zentrale Kriterium sozialer Ordnung und in der Regel für unabänderlich hält, plädiert der Universalismus für die Blickrichtung auf universelle Normen und Werte, die allen Menschen gemeinsam sind und den Anspruch begründen, auch gegen kulturell geprägte soziale Praktiken zu intervenieren. Exemplarisch zeigt sich dies in der normativen Diskussion um die Geltung von Menschenrechten (vgl. Koenig 2005), die in der einen Lesart als kulturell-relativ und damit durch kulturelle, religiöse oder andere Riten einschränkbar gelten, während sie in der anderen Variante als universalistischer Anspruch formuliert werden und ggf. auch kulturelle und religiöse Praktiken brechen müssen. Der normative Blick des Relativismus ist dabei der von der Mikro- bzw. Mesoperspektive des Sozialen, da die faktische Erscheinungsform der (kulturellen) Differenz von Gruppen in den Mittelpunkt gerückt wird, während der Blick des Universalismus von der Makroperspektive der gesamten Menschheit als sozialer Einheit ausgeht und kulturelle Differenzierung zwar faktisch anerkennt, aber ihren Geltungsanspruch normativ infrage stellt.

Der *Existenzialismus* verfügt ebenfalls über verschiedene Orientierungen, die jedoch ihr normatives Moment grundsätzlich verbindet (vgl. Flynn 2008; Galle 2009). Als radikaler Subjektivismus rückt er mit einem Postulat der Entscheidung die menschliche Existenz unwillkürlich in den Mittelpunkt aller sozialen Betrachtungen, misst aber sozialem Wandel als Kontextbedingung für sich wandelnde Subjektverständnisse keine über das Individuum hinausgehende Bedeutung bei. Das unhintergehbare menschliche Sein ist dabei auf der einen Seite ein normatives Postulat unbedingter Freiheit, auch und gerade jenseits von Naturverhältnissen oder der Annahme übermenschlicher Kräfte, auf der anderen Seite aber wirkt es enthistorisierend und entkontextualisierend hinsichtlich der sozialen Prozesse, die auf Interaktion und Konflikten jenseits des Subjekts beruhen. In seiner ontologischen Generalorientierung umfasst der Existenzialismus ein weites Spektrum von Hinsichtnahmen auf das menschliche

Sein: von dem auf Heidegger zurückgehenden Existenzialismus mit einer phänomenologisch-konkretistischen Überhöhung einer existenzialistisch interpretierten Geschichte bis zum von realen gesellschaftshistorischen Erfahrungen abgekoppelten, Freiheit versprechenden Humanismus, der Bezug auf Sartre und Camus nimmt.

Ebenfalls an der Idee eines radikalen Subjektivismus orientiert, allerdings nicht mit einer Ausblendung, sondern einer Ablehnung gesellschaftlicher Kontexte im Sinne objektiver Rahmungen verbunden, sind die normativen Ansätze des *Poststrukturalismus* bzw. des *Postmodernismus* (vgl. Kuhn 2005; Münker/Roesler 2012). Während der Existenzialismus das Subjekt in den Mittelpunkt stellt und dessen bedingungslose Freiheit zur Voraussetzung seiner Emanzipation erklärt, stellt der Poststrukturalismus generell die Existenz objektiver gesellschaftlicher Kontexte infrage und wendet sich in einem das Soziale fragmentierenden Verständnis gegen jede Form von sozialer Sinnstiftung, die auf einem historischen Kontextualismus oder einer natürlichen bzw. göttlichen Ursprungsannahme basiert. Das normative Postulat des Poststrukturalismus ist dabei, dass es kein normatives Postulat geben könne – er proklamiert einen radikalen Individualismus und hebt dabei alle sozialhistorischen Annahmen, die die Entstehung des Individuums *als Subjekt* in der Moderne überhaupt erst möglich gemacht haben, in Ontologie auf. Soziale Realität wird als konstrukthaft und konstruiert infrage gestellt, dabei allerdings nicht, wie noch im weiter unten vorzustellenden Konstruktivismus, als soziales Konstrukt kritisiert oder, wie in der ebenfalls weiter unten zu skizzierenden Kritischen Theorie, als ideologisch gekennzeichnet, sondern mit der ontologischen Erwartung an das Individuum versehen, gesellschaftliche Zustände allein durch ihre dekonstruktivistische Infragestellung aufheben zu können. In seiner Kritik moderner Vergesellschaftung zieht sich der Poststrukturalismus auf den normativen Standpunkt radikaler Individualisierung zurück. Im Zentrum steht ein als intersubjektiv unterstellter individueller Moralbegriff, der Verantwortung in einem mutualen Selbstreferenzkonzept einer »quasi akteurlosen modernen Gesellschaft« (Reichardt 1994: 134) gleichermaßen vom Individuum wie von der Gesellschaft nimmt und die politische Dimension des Sozialen faktisch auflöst.

6. Empirische Ansätze

Die empirischen Ansätze stehen den normativen deutlich entgegen und werden in der Praxis der sozialwissenschaftlichen Forschung oft als deren diametraler Gegensatz wahrgenommen, obgleich beide Metatheorien durchaus auch Beziehungs- und Berührungspunkte zueinander haben. Historisch sind die empirischen Ansätze aus den naturwissenschaftlichen Emanzipationsprozessen der Aufklärung entstanden und stehen in den Sozialwissenschaften für den Anspruch der intersubjektiven Überprüfbarkeit und damit einer wertneutralen Analyse sozialer Wirklichkeit. Im Gegensatz zu den normativen Ansätzen fokussieren die empirischen nicht auf das Sollen, sondern auf das Sein, das sie so präzise wie möglich erfassen, analysieren und erklären wollen. Analog der naturwissenschaftlichen Erkenntnislogik gehen die empirischen Ansätze sowohl von einer prinzipiellen Trennbarkeit von Subjekt und Objekt der Forschung wie von einer generellen Reproduzierbarkeit sozialwissenschaftlicher Forschungsprozesse – unabhängig von den forschenden Personen – aus.

Der Glaube (an das Sollen), an dem sich normative Ansätze orientieren, soll in empirischen Ansätzen durch Wissen (über das Sein) ersetzt werden, als rationale »Entzauberung« (Weber 1992: 87) der sozialen Welt – was freilich genau das umgekehrte Problem mit sich bringt: Während bei normativen Ansätzen die idealen Wertvorstellungen die Wirklichkeit als Wahrheitsanspruch überformen, ist es der technisch-funktionale Wirklichkeitsglaube der empirischen Ansätze, der andersherum zuweilen verkennt, dass Politik und Gesellschaft nicht ausnahmslos nach rationalen Kriterien funktionieren und überdies das menschliche Moment situative Spielräume lässt, die gerade eine rein wissenschaftliche Orientierung im Sinn einer, wie Walter Benjamin (1963) kritisiert hat, »technischen Reproduzierbarkeit« infrage stellen.

Gemeinsam ist den empirischen Ansätzen das ordnungsstabilisierende Moment, denn sie stellen bestehende soziale und politische Ordnungen in der Regel nicht aktiv infrage, sondern formulieren Kriterien, die generell herrschaftsstabilisierend wirken – egal, um welches konkrete Herrschaftssystem es sich handelt. Denn wie die normativen Ansätze operieren auch sie im Selbstverständnis widerspruchsfrei: die normativen Ansätze dadurch, dass die Norm ihr eigenes Ideal (unabhängig der Realität) ist, die empirischen Ansätze dadurch, dass für sie die Norm die empirische Faktizität ist (unabhängig von deren Vermittlung). Damit ist empirischen und normativen Ansätzen gemeinsam, dass sie die historischen Ambivalenzen der Entstehung der Sozialwissenschaften jeweils durch wissenschaftstheoretische Eindeutigkeit aufzulösen bemüht sind – in einem Fall in Richtung der Geisteswissenschaften, im anderen in Richtung der Naturwissenschaften.

Der naturwissenschaftliche Anspruch der empirischen Ansätze führt dazu, dass sich die Forscher/innen selbst nicht als Teil des beforschten Prozesses sehen und aufgrund dieser kategorialen Trennung von Subjekt und Objekt der Forschung auch von laborähnlichen Reproduktionsbedingungen für sozialwissenschaftliche Forschung ausgehen. Der Grundgedanke der intersubjektiven Überprüfbarkeit korreliert mit der Überzeugung, durch Standardisierung eine konsistente und immanente Logik der sozialwissenschaftlichen Forschung herstellen zu können, deren Erkenntnisziel nicht Wahrheit, sondern Wirklichkeit ist: Sozialwissenschaftliche Erkenntnisse gelten immer nur vorläufig, d.h.

bis zu ihrer (weiteren) Falsifizierung und müssen sich stets an ihrer Reproduktion bewähren. Im Zentrum steht daher auch nicht die Gesellschaft als Ganzes oder als Totalität, sondern kleine Ausschnitte sozialer Realität, die in ihren Kausalitäts- und Korrelationsbeziehungen in der Regel mit mathematisch-statistischen Verfahren untersucht und analysiert werden.

Die Annahme ist dabei, dass soziale Wirklichkeit real ist – und damit durch Erfahrung und Beobachtung messbar. Teil des Messvorgangs sind die Aufstellung von (zumeist stark limitierten) Hypothesen und ihre Operationalisierung (also die Umsetzung in die Logik der Messung), die in ihrem Verhältnis von Explanans und Explanandum (vgl. Hempel/Oppenheim 1948) geprüft und in Gesetzmäßigkeitsannahmen überführt werden. Der analytische Anspruch zielt auf klar zu benennende und eng abgrenzbare Teilbereiche von Politik und Gesellschaft und folgt den paradigmatischen Annahmen der Wertneutralität, der Intersubjektivität, der Falsifizierbarkeit und der Überprüfbarkeit mit dem Ziel, analytische Erkenntnisse mit Voraussage- und Prognosemöglichkeiten zu formulieren.

Das Erkenntnisinteresse der empirischen Ansätze ist also pragmatisch und prognostisch, aber eben auch (ordnungs-)stabilisierend und sozial-technisch bzw. sozialfunktional. Empirische Ansätze folgen damit dem Paradigma der »deduktiv-nomologischen Erklärung« (Kelle 1994: 58). Methodisch wenden empirische Ansätze statistische und vor allem quantitative Verfahren der Sozialforschung an. Zu den jüngeren Ausprägungen empirischer Metatheorien gehören der Kritische Rationalismus, die Handlungstheorien, der Funktionalismus und die Systemtheorie.

Der *Kritische Rationalismus* rückt das Moment der Rationalität, das die Philosophie der Aufklärung zentral geprägt hat, in sein wissenschaftstheoretisches Zentrum (vgl. Albert 2000; Miller 1994; Niemann 2004) und geht davon aus, dass alles auf Erfahrung basierende Wissen grundsätzlich falsifizierbar, d.h. widerlegbar sei. Durch Beobachtung oder Überprüfung von Hypothesen ergeben sich für den Kritischen Rationalismus stets neue, immer aber als vorläufig verstandene Erkenntnisse, die methodisch jeweils eine vorläufige Bestätigung erfahren, aber niemals als »wahr« betrachtet werden können, da sie nur so lange als gültig angenommen werden, bis sie durch neue Beobachtungen und Überprüfungen (oder durch die Konfrontation mit anderen theoretischen Annahmen) abermals widerlegt werden. Insofern geht der Kritische Rationalismus auch davon aus, dass der Gegenstand sozialwissenschaftlicher Forschung letztlich und im Kern nicht Erfahrungen, sondern lediglich Theorien und Annahmen über Erfahrungen sind – und sieht ihr Erkenntnisziel folglich auch im Lösen von Problemen. Das kritische Moment des Kritischen Rationalismus steht insofern auch im Widerspruch zur noch vorzustellenden Kritischen Theorie: Während Kritik für den Kritischen Rationalismus Falsifikation (von Wissen) meint und damit ein systemimmanentes Verfahren der positiven Optimierung, bedeutet Kritik in der Kritischen Theorie Negation (von gesellschaftlicher Totalität) und damit ein grundsätzliches Verfahren der Infragestellung von bestehenden Ordnungen bzw. Ordnungsvorstellungen.

Von der grundsätzlichen Idee der Rationalität sozialen Handelns geprägt sind auch die zahlreichen Varianten sozialwissenschaftlicher *Handlungstheorien*, die von der verstehenden Soziologie über den methodologischen Individualismus und den symbolischen Interaktionismus bis hin zur Rational-Choice-Theorie reichen (vgl. Abels 2007; Miebach 2010). Verbunden sind diese Varianten empirischer Handlungstheorien überdies durch die erweiterte Annahme, dass soziales Verhalten von Menschen stets einem Rationalitätsparadigma unterliegt, also soziale Interaktion auf die rationale Optimierung von Bedingungen oder Ermöglichungsperspektiven zielt – womit die empirischen Handlungstheorien den Gegenpart zu der noch vorzustellenden Psychoanalyse bilden. Ausgangspunkt der Handlungstheorien ist das Individuum, das entweder nach Maximierung des eigenen Nutzens und einer Durchsetzung seines (Eigen-)Interesses strebt (methodologischer Individualismus und Rational-Choice-Theorie), dessen Identitäts- und Handlungsentwurf durch eine Einschätzung über die Bedeutung von Dingen im individuellen Erfahrungsraum geprägt ist (symbolischer Interaktionismus) oder dessen Verhalten auf einer sinnzusammenhängenden Ursache-Wirkungs-Beziehung basiert, die von individuellen Handlungsmotiven geprägt ist (verstehende Soziologie). Damit verbindet alle sozialwissenschaftlichen Handlungstheorien der Blick sowohl auf das Individuum wie auf die unterstellte optimierende Rationalität im sozialen Handeln, so dass der forschungspragmatische Fokus auf individuellen Haltungen, Einstellungen und Präferenzen auf der Mikroebene liegt, über die analytische Erkenntnisse bezüglich der Makroebene der Gesellschaft gewonnen werden sollen.

Im Unterschied zu den Handlungstheorien richtet der *Funktionalismus* seinen Blick auf die relationalen und damit funktionalen Beziehungen und Abhängigkeiten, die zwischen sozialen Akteuren und Strukturen bestehen, und nimmt die Logiken und Regeln ihrer Interaktionsverhältnisse in den Blick (vgl. Jetzkowitz/Stark 2003). Die (teilnehmende) Beobachtung und Messung von funktionalen Beziehungen umfasst gleichermaßen strukturelle Dimensionen von Politik und Gesellschaft, etwa in sozialstruktureller oder rechtsdifferenzierender Perspektive, wie die Akteursperspektive, also die funktionalen Beziehungen, die zwischen Akteuren, aber auch in kleinräumigen Sozialstrukturen anzutreffen sind. Der Fokus des Funktionalismus ist dabei stets auf den Aspekt der Funktionslogik (und nicht ihren Inhalt oder ihre Substanz) gerichtet und ermittelt insofern Stabilitäts- und Instabilitätsgrade von miteinander interagierenden und aufeinander reagierenden sozialen Ordnungen.

Die *Systemtheorie* geht ebenfalls von einer funktionalen Differenzierung von Gesellschaft aus, die als komplexes System begriffen wird, das nicht nach sozialen Rangordnungen, sondern nach unterschiedlichen Funktionsbereichen (Politik, Recht, Wirtschaft, Religion etc.) gegliedert sei (vgl. Hohm 2006; Reese-Schäfer 2011; Ropohl 2012). Soziale Systeme zeichneten sich dadurch aus, dass in ihnen »Sinn« mit dem Ziel von Kommunikation verwirklicht werde, wobei sie jeweils für sich abgeschlossen, aber zugleich auch in Interaktion mit anderen Systemen befindlich sind. Damit haben sie eine selbstreferenzielle (autopoietische) Funktion der klaren Grenzziehung mit interner Bindung und externer Abgrenzung sowie dem Ziel der fortwährenden Selbstreproduktion und somit der Aufrechterhaltung der systemischen Einheit. Das Ziel der gesellschaftlichen oder politischen Ordnung wird in ihrer Selbsterhaltung und in der Herbeiführung kollektiv bindender Entscheidungen gesehen. Im Unterschied zu den meisten anderen empirischen Ansätzen stellt die Systemtheorie nicht das Individuum und seine soziale Interaktion in den Mittelpunkt, sondern richtet den Blick in einem strukturfunktionellen Sinn auf die Makroebene von Politik und Gesellschaft, die empirisch analysiert und in einem technischen Sinn hinsichtlich ihrer kybernetischen Funktionalität interpretiert werden.

7. Kritische Ansätze

Normative und empirische Metatheorie versuchen jeweils, die historischen Ambivalenzen der Entstehung der Sozialwissenschaften durch wissenschaftstheoretische Eindeutigkeit aufzulösen. Während die normative Metatheorie und die ihr nahestehenden Theorieansätze dabei tendenziell eher die geisteswissenschaftliche Orientierung der Sozialwissenschaften in ihren historischen Bezügen reaktivieren, orientieren sich die empirische Metatheorie und ihre konzeptionellen Theorieansätze stärker in Richtung der naturwissenschaftlichen Logik und ihrer Adaption für die Sozialwissenschaften. Der normativen Metatheorie ist dabei ein bewahrendes und damit strukturell konservatives Moment eigen, während die empirische Metatheorie an das Rationalitätsversprechen der Aufklärung anschließt und damit eine gewisse Nähe zu liberalen Grundvorstellungen aufweist. Die kritische Metatheorie begreift die beiden widersprüchlichen Pole der Entstehung der Sozialwissenschaften zwischen Geistes- und Naturwissenschaften als Gegenstand einer notwendigen und unvermeidbaren Ambivalenz und sieht in der Frontstellung zwischen normativem Glauben und empirischem Wissen ein Spannungs- und Vermittlungsverhältnis, das sich durch seinen nicht-identischen Charakter konstituiert. Historisch entstanden ist der kritische Ansatz vor dem Hintergrund sozialistischer Kritik, die sich gleichermaßen (wenn auch mit unterschiedlichen Begründungen) gegen den Konservatismus wie den Liberalismus richtete.

Kritische Ansätze richten ihren Blick auf das Spannungsverhältnis zwischen Norm und Wirklichkeit, zwischen dem formulierten Anspruch an Politik und Gesellschaft und seinen faktischen Ausgestaltungen. Insofern geht es ihnen um ein historisches Verständnis von Politik und Gesellschaft, deren Genese und Entwicklung nachgezeichnet und mit Blick auf die in ihnen verwirklichten politischen und sozialen Forderungen analysiert werden. Dabei werden Legitimationskonzepte wie historische Machtverhältnisse gleichermaßen berücksichtigt, um zu ergründen, wie und warum das, was ist, so (und nicht anders) geworden ist und in welcher Weise soziale Realität sich dabei selbst legitimiert oder legitimiert wird. Ausgangspunkt kritischer Ansätze sind gesellschaftliche Widersprüche, die auf unterschiedlichen Abstraktionsebenen von Gesellschaft bestehen können, die aber in der Regel auf grundsätzliche, antagonistische Kategorien zurückgeführt werden wie etwa die Widersprüche und Konflikte zwischen Kapital und Arbeit oder zwischen Mann und Frau. Ob und in welcher Weise diese Konfliktverhältnisse schon in ihren Beschreibungen selbst legitimatorische Überformungen von Wirklichkeit beinhalten, wird in kritischen Ansätzen ebenfalls hinterfragt. Gesellschaftliche Macht- und Herrschaftsverhältnisse können sich also bereits in der Beschreibungsformation eines Konfliktes niederschlagen. Exemplarisch zeigt sich dies etwa an der Zuschreibung von Hautfarben – deren gesellschaftliche Folge Privilegierung oder Diskriminierung sein kann, wobei die Diskriminierung nicht erst im Handeln gesehen wird, sondern bereits in der Zuschreibung und der daraus im Rahmen von Sozialisationsprozessen konstituierten Weltwahrnehmung und Differenzierung entlang von Hautfärbungen (die, für sich genommen, mit gleicher Berechtigung ein Kriterium für Differenzwahrnehmung sein können wie z.B. die Länge der Arme oder die Form der Fingernägel).

Im Selbstverständnis kritischer Metatheorie sind die Forschenden stets Bestandteil des Forschungsgegenstandes, können sich also nicht auf einen Standpunkt künstlicher oder klinischer Distanz zurückziehen, da sie selbst denselben (oder ähnlichen) politischen und gesellschaftlichen Prozessen unterliegen wie ihr Forschungsgegenstand auch. Gleichwohl gehen kritische Ansätze davon aus, dass die Rolle der Forschenden reflektiert und kontextualisiert werden muss, damit die als unvermeidbar angenommene Involviertheit kontrolliert werden kann. Insofern besteht für die kritische Metatheorie keine kategorische Trennung zwischen dem Subjekt und dem Objekt der Forschung, deren Verhältnis im Gegenteil als dialektisches gesehen wird, d.h., Subjekt- und Objektcharakter wirken wechselseitig aufeinander und können sich im Forschungsprozess sogar punktuell aufheben oder verkehren.

Aus diesem Postulat einer Unmöglichkeit der Teilnahmslosigkeit resultiert die Auffassung, dass politische und soziale Wirklichkeit weder »wahr« (wie in normativen Ansätzen) noch »messbar« (wie in empirischen Ansätzen) sein kann, sondern immer vermittelt und interessenbezogen ist, was sie zur Ideologie macht, die zwar rekonstruierbar und (im negativen Sinn) kritisierbar, aber nicht positiv aufhebbar ist. Folglich ist das Ziel kritischer Ansätze auch das Verstehen von sozialen Phänomenen und nicht deren Erklärung. Dass für ein solches Verstehen gleichermaßen geistes- wie naturwissenschaftliche Quellen, also sowohl normative Annahmen wie empirische Faktizitäten herangezogen werden können und müssen, macht das integrierende und vermittelnde Potenzial kritischer Ansätze in den Sozialwissenschaften kenntlich.

Die methodologischen Postulate kritischer Metatheorie bestehen im Kern in der Annahme einer Unmöglichkeit von Wertfreiheit – da eine kategoriale Trennung von Wissenschaft und

Gesellschaft eben nicht möglich sei und insofern im/in der Wissenschaftler/in als Individuum auch nicht methodologisch aufgehoben werden könne. Der kritische Anspruch ist, gesellschaftliche Totalität als Ganzes zu erforschen, so dass der Fokus kritischer Ansätze vor allem auf der Makroebene liegt, allerdings Phänomene der Mikro- und Mesoebene als vermittelnder Ausdruck gesellschaftlicher Totalität ebenfalls untersucht werden können. Das Augenmerk gilt vor allem den Strukturen, Institutionen und Interessen, wobei das Erkenntnisinteresse herrschafts- und ordnungskritisch ist und einem emanzipativen und selbstreflexiven Anspruch folgt.

Bevorzugte Methoden im Rahmen kritischer Ansätze sind insbesondere die Ideologiekritik, die historische Rekonstruktion, die Hermeneutik und die Diskursanalyse. In der jüngeren sozialwissenschaftlichen Entwicklung sind als kritische Ansätze vor allem die Psychoanalyse, die Kritische Theorie, der Strukturalismus, der Konstruktivismus, der Feminismus und der Postkolonialismus zu nennen. Im Vergleich zu den beiden anderen Metatheorien zeigt sich hier, dass die (qualitative) Ausdifferenzierung zwar größer ist, die (quantitative) Selbstverortung von Sozialwissenschaftler(inne)n innerhalb der drei Metatheorien aber stärker bei der normativen und der empirischen Metatheorie liegt.

Die *Psychoanalyse* ist in ihren klinischen und ihren kulturanalytischen (metapsychologischen) Dimensionen zu unterscheiden. Während erstgenannte Teil der Medizin sind, bilden die kulturanalytischen Aspekte der Psychoanalyse einen wesentlichen Theoriestrang innerhalb der kritischen Ansätze der Sozialwissenschaften (vgl. Kutter/Müller 2008; Mertens 2008; Rattner 1995). Neben bewussten, kognitiven und rationalen Dimensionen von Politik und Gesellschaft macht die Psychoanalyse auf unbewusste und irrationale Wünsche und Affekte aufmerksam und rückt damit die gesellschaftliche Bedeutsamkeit der psychischen Dynamiken des Unbewussten ins Zentrum. Die kritische Intention der Psychoanalyse besteht darin, Emotionen und Affekte, die für die Entstehung und Entwicklung von Kultur und Gesellschaft, insbesondere im Kontext von Macht(fantasien) und Herrschaftsphänomenen zentral sind, kenntlich zu machen und damit als Handlungsmotive, die nicht rational und dem kognitiven Zugriff (zunächst) entzogen sind, in den Mittelpunkt der sozialwissenschaftlichen Debatte zu rücken. Zu den verdrängten und damit unbewussten Aspekten gehören auch Wünsche und Fantasien, die nicht nur individuellen Charakter haben, sondern überindividuell wirken und zu Identifizierungsprozessen und damit Zustimmung zu bestimmten politischen Weltbildern oder sozialen Erklärungsmustern führen. Für die Psychoanalyse sind dabei Kategorien und Konzepte zentral, die auf das Verhältnis von Individuum und Gesellschaft, von Narzissmus und Autoritarismus, von Konformismus und Rebellion, von Sozialisation und Anpassung, von Norm und Abweichung abstellen und die Beziehung von Individual- und Gesellschaftsentwicklung thematisieren, unter anderem vermittelt über Religion, Mythos und Kultur.

Ebenfalls Aspekte der Psychoanalyse aufgreifend, ist die *Kritische Theorie* entstanden aus der marxistischen Irritation, dass am Ende des 19. bzw. Anfang des 20. Jahrhunderts die objektiven gesellschaftlichen Bedingungen für eine sozialistische Revolution in Deutschland aus ökonomischen Gründen zwar gegeben waren, das von Marx prophezeite revolutionäre Klassenbewusstsein der Arbeiter/innen aber fast gänzlich fehlte und sich diese vielmehr mit der bürgerlichen Gesellschaft relativ gut eingerichtet hatten (vgl. Behrens 2002; Jay 1981; Schwandt 2010; Wiggershaus 2008). Die Schlüsselfragen der Kritischen Theorie galten den Gründen, die zu subjektiven Geisteshaltungen führen, welche in objektivem Widerspruch zur realen Verfasstheit der Gesellschaft stehen. Dabei versuchte die Kritische Theorie eine Integration von materialistischer und dialektischer Gesellschaftstheorie sowie des Erkenntnispotenzials der Psychoanalyse, verbunden mit der Annahme, dass Kultur und Gesellschaft nicht widerspruchsfrei, sondern ideologisch geprägt sind. Ihr kritischer Kern besteht darin, sich auf negative Kritik zu beschränken und positive Utopien zu verwerfen – weil diesen aufgrund ihres Heilsversprechens ebenfalls eine entmündigende Dimension eigne. Das Schlüsselelement der Kritischen Theorie ist die »Dialektik der Aufklärung« (Horkheimer/Adorno 1947), in der die Barbarei bereits deshalb angelegt sei, weil der Glaube an die Religion durch den Siegeszug der naturwissenschaftlich orientierten Vernunft ersetzt worden und Letzterer nun wiederum durch eine lediglich technizistische, d.h. »instrumentelle Vernunft« (Horkheimer 1947) gekennzeichnet sei. Seit den 1980er Jahren gibt es – neben Ansätzen, die die Grundgedanken Kritischer Theorie weiterhin verfolgen – im sozialphilosophischen Bereich auch Ansätze, die in Anlehnung an Jürgen Habermas oder Axel Honneth weiterhin unter dem Label Kritische Theorie firmieren, diese aber positiv gewendet haben und damit in den Bereich normativer Metatheorien fallen.

Der *Strukturalismus* schließt an Überlegungen der Kritischen Theorie an, hat seinen Ursprung aber vor allem im sprachwissenschaftlichen Bereich (vgl. Brügger/Vigsø 2008; Dosse 1996/97; Fietz 1998); nicht zuletzt aufgrund dieser Tatsache ist der Strukturalismus innerhalb der sozialwissenschaftlichen Theorieansätze vielleicht auch derjenige, dessen Zuordnung zu den drei Metatheorien die größte Herausforderung darstellt, denn der sprachwissenschaftliche Strukturalismus umfasst zugleich deutlich empirische wie normative Dimensionen, seine sozialwissenschaftliche Weiterentwicklung lässt sich jedoch tendenziell am ehesten den kritischen Konzepten zuordnen. Der Grund hierfür besteht darin, dass der sprachwissenschaftliche Strukturalismus zunächst die objektiven Strukturen von Sprache – jenseits ihres konkreten Gebrauchs – herausarbeiten wollte, insofern empirisch vorging mit der normativen Absicht, die objektive Struktur zu ergründen, und sich dabei an dem naturwissenschaftlichen Anspruch einer intersubjektiven Allgemeingültigkeit orientierte. In der sozialwissenschaftlichen Variation zielt der Strukturalismus zwar nach wie vor auf die strukturelle Ebene von sozialen und politischen Ordnungen oder auch von Regel- oder Normsystemen, unterstellt jedoch lediglich eine räumlich und zeitlich gebundene Generalisierbarkeit der strukturanalytischen Erkenntnisse. Aus der Kenntnis objektiver gesellschaftlicher und politischer Strukturen folgt deshalb auch nicht zwingend eine normative Vorstellung, sondern im sozialwissenschaftlichen Kontext vielmehr ein kritisches Potenzial im Rahmen der historischen Relativität struktureller Vergesellschaftungsprozesse.

Der *Konstruktivismus* stellt den kritischen Gegenentwurf zum Essentialismus dar (vgl. Gergen/Gergen 2009; Siebert 2005). Im Unterschied zu jenem geht er nicht von einer transhistorischen und ontologischen Situierung des Sozialen aus, sondern betont dessen Konstruktion – in mehrfacher Hinsicht: zum einen, weil soziale Ordnungen aufgrund ihrer historischen Relationalität wandelbar und insofern durch das Handeln von Menschen geprägt sind, zum anderen, weil die Wahrnehmung dessen, was als Wirklichkeit oder Realität angesehen wird, vom Standpunkt des Betrachters und seiner Erkenntnisfähigkeit bzw. -willigkeit abhängt, also eine doppelte Relationalität unterstellt wird: die der Struktur und die der Rezeption. Es geht im Konstruktivismus somit nicht um Antworten auf die Frage nach der Substanz sozialer Ordnungen, sondern um die nach ihrer Modalität. Insofern steht für den Konstruktivismus nicht die gesellschaftliche Realität im Mittelpunkt, sondern die Wahrnehmung dieser Wirklichkeit – wobei umstritten ist, ob es neben den subjektgebundenen Wahrnehmungen dieser Wirklichkeit noch eine tatsächlich objektive Wirklichkeit gibt. Insofern handelt es sich beim Konstruktivismus – wie bei manchen der normativen Ansätze auch – um einen auf das Subjekt gerichteten Ansatz, der jedoch nicht nach Wahrheit, sondern nach Varianten von Wirklichkeit als soziale Vorstellungen fragt und auf historische, soziale und politische Umstände hinweist, die die Identifikation mit bestimmten sozialen Konzepten verursachen. Insofern spielen im Konstruktivismus Beobachter/innen für die Frage der Beschreibung eines sozialen Sachverhalts eine zentrale Rolle.

Der sozialwissenschaftliche *Feminismus* entstand im Zuge der neuen Frauenbewegung und damit der praktischen Einforderung sozialer Veränderungen mit dem Ziel der Aufhebung von Ungleichbehandlung und Diskriminierung von Frauen (vgl. Aulenbacher 2006; Becker-Schmidt/Knapp 2007; Becker/Kortendiek 2004). Lange Zeit bestand zwischen wissenschaftlichem Feminismus und sozialer (Frauen-)Bewegung ein intensives Austausch- und Wechselverhältnis, das jedoch mit der zunehmenden Marginalisierung feministischer Forderungen in der Öffentlichkeit in den letzten Jahren geringer geworden ist. Die Kritik des Feminismus, der sowohl für die Frauen- wie die Geschlechterforschung in den Sozialwissenschaften das Leitbild abgab, besteht einerseits in politischer Hinsicht in der Auseinandersetzung mit der systematischen und faktischen Trennung von Öffentlichkeit und Privatheit, andererseits in einer Reflexion von sozialen Kategorien und ihren Zuschreibungen, etwa denen von »Mann«, »Frau«, »Geschlecht« oder »Körper«. Anliegen des Feminismus ist zunächst die sozialwissenschaftliche Sichtbarmachung der Trennung von Öffentlichkeit und Privatheit, die mit einer geschlechterpolitischen Konnotation und einem systematischen Ausschluss von Frauen aus der öffentlichen Sphäre verbunden ist. Die naturalisierende Unterstellung dieser Trennung wird vom

Feminismus zurückgewiesen und als historisch betrachtet. Mit Blick auf die begrifflichen Dimensionen wird die Konstruktion von geschlechtlicher Identität betont und werden die aus diesen Konstruktionen resultierenden Macht- und Herrschaftsverhältnisse kritisiert, wobei ein offener Diskussionspunkt innerhalb des Feminismus ist, ob diese Kritik auf einem auf Geschlechtergleichheit oder einem auf Geschlechterdifferenz orientierten Modell basieren bzw. in ein solches münden sollte.

Der *Postkolonialismus* setzt sich mit den Wirkungen und Nachwirkungen imperialer und kolonialer Herrschaft auseinander und nimmt die interdependenten Verflechtungen zwischen politischen und sozialen Ordnungen in den Blick (vgl. Ashcroft u.a. 1995 u. 2012; Kerner 2012). Entstanden aus der Kritik an Macht- und Herrschaftsausübung in Kolonialismus, Imperialismus und Sklaverei, liegt ein wesentlicher Fokus des Postkolonialismus auf der Analyse kultureller (Macht-)Praktiken und rassistischer Diskriminierungspolitik. Im Zentrum stehen Fragen nach Unabhängigkeit und Abhängigkeit, nach Selbst- und Fremdbestimmung, nach Diskriminierung und Gewalt, nach Über- und Unterordnung in Macht- und Herrschaftsverhältnissen. Der Postkolonialismus befasst sich sowohl mit dem historischen Kolonialismus und dem antikolonialen Widerstand wie mit den internationalen Migrations- und Transformationsprozessen, die in deren Kontext stehen. Erweiterungen der sozialwissenschaftlichen Erkenntnisperspektiven durch den postkolonialen Ansatz haben sich überdies auch durch die postkoloniale Kritik an Körper- und Identitätsvorstellungen, die nicht als monolithisch, sondern als hybrid begriffen werden, ergeben sowie durch die Frage nach den internationalen Verflechtungen und Verwebungen zwischen regionalen, nationalen und supranationalen Aspekten der Politik, Gesellschaft und Geschichte. Die westliche Perspektive, aus der eine Über- und Unterordnung und eine hierarchische Differenzierung von Weltregionen erfolgte, wird infrage gestellt zugunsten der Annahme von Austausch- und Wechselbeziehungen zwischen sozialen (Hybrid-)Räumen.

III. Sozialwissenschaftliche Grundbegriffe in der Diskussion

Innerhalb der Sozialwissenschaften spielen begriffliche Diskussionen eine zentrale Rolle – einerseits zwecks Selbstverständigung innerhalb der Teildisziplinen und damit auch als Abgrenzung zu den Nachbardisziplinen, andererseits mit Blick auf die durch metatheoretisch und theoriesystematisch geprägten Differenzen hinsichtlich der konzeptionellen, operationalen und methodischen Herangehensweisen an konkrete Forschungsgegenstände. Ohne die Analyse und Kritik von Begriffen wäre sozialwissenschaftliche Forschung undenkbar, weil in einem Begriff – im Unterschied zum einfachen Wort – soziale und zeithistorische Dimensionen verdichtet, man könnte sagen: geradezu geronnen sind. Für das Verständnis eines Wortes ist sein zeitlicher und sozialer Kontext von Bedeutung, da sich dieser wandelt und das Wort zum Begriff macht (vgl. Koselleck 1979; Pocock 1973; Skinner 1978, 2009).

Eine begriffsgeschichtliche Perspektive betont insofern die tradierten Kontexte von sozialwissenschaftlichen Theorien, die das intellektuelle Wechsel- und Konkurrenzverhältnis von Theorien sowohl in diachroner wie in synchroner Perspektive prägen. Der Fokus liegt damit auf der Sprache und den Sprechakten (Austin 1962; Wittgenstein 1984), die sich in paradigmatischen Wandlungsprozessen verändern, womit sich auch ein Wandel des Vokabulars und seiner Bedeutung vollzieht. Es geht um den Gebrauch, nicht die Bedeutung von Wörtern, wie Skinner (2009: 64) schreibt – den umkämpften Begriff, nicht die stillstellende Definition. In Anlehnung an die Linguistik Ferdinand de Saussures (1916) geht es bei einer Auseinandersetzung mit den begrifflichen Dimensionen der Sozialwissenschaften also darum, die *langue* als soziales Sprachsystem zu rekonstruieren, aus der die *parole*, also die konkreten Sprechakte schöpfen (was nicht nur ein Auswahl-, sondern auch ein Ausschlussprozess ist). In den sozialwissenschaftlichen Debatten bildet sich das unter anderem dadurch ab, dass sowohl intra- wie interdisziplinär Begriffsverständnisse variieren, was eben nicht einfach nur auf jeweils andere Definitionen zurückzuführen ist, sondern Ausdruck metatheoretischer oder theoriesystematischer Differenzen, die auf konkurrierende Wahrnehmungen von sozialer Realität ebenso verweisen wie auf zeitlich und räumlich unterschiedliche Kontexte, in denen Begriffe verwendet, geprägt und mit je eigener Intention gefüllt werden.

Bei den hier in fünf Paaren vorgestellten Grundbegriffen der sozialwissenschaftlichen Diskussion handelt es sich insofern um solche, die für alle sozialwissenschaftlichen Teildisziplinen – ganz gleich, wie weit oder eng man das Verständnis von Sozialwissenschaften fasst – Relevanz haben und für die empirische Forschung aller Teildisziplinen Schlüsselbegriffe sind. Das heißt aber natürlich nicht, dass darüber hinaus nicht auch andere Kategorien existieren, die entweder für eine oder mehrere Teildisziplinen zentral sind, oder dass nicht auch weitere Begriffe bedeutsam sein können – oder werden könnten. Der Begriff des Körpers etwa dürfte in mittelfristiger Perspektive zu einem sozialwissenschaftlichen Grundbegriff avancieren, obgleich er heute noch eher ein Randdasein fristet – aber eben für alle Teildisziplinen Relevanz entfaltet (vgl. exemplarisch Schroer 2005). Die Absicht ist somit nicht, sämtliche Grundbegriffe der Sozialwissenschaften vorzustellen oder andere Grundbegriffe auszuschließen, die – mit Blick auf die Teildisziplin – einen gleichen oder gar höheren Stellenwert haben (siehe hierzu exemplarisch Göhler/Iser/Kerner 2004), sondern der Auswahl liegt vielmehr die Annahme zugrunde, dass alle zehn vorgestellten Begriffe für alle sozialwissenschaftlichen Teildisziplinen zentral sind und in der gegenwärtigen sozialwissenschaftlichen Diskussion als Grundbegriffe anzusehen sind.

Dass die vorgestellten Begriffe jeweils keinen umfassenden, sondern nur exemplarischen Charakter haben und deshalb zwar eine gewisse Repräsentativität für wesentliche Positionen innerhalb der sozialwissenschaftlichen Debatte, jedoch keineswegs Vollständigkeit angestrebt werden kann, sei explizit betont. Die Begriffsdiskussion folgt dabei dem Prinzip einer historisch-rekonstruktiven Annäherung an die Entwicklung und Genese der Begriffe unter besonderer Betonung ihrer kontroversen und damit sich wandelnden Bedeutungsgehalte. Um eine kritische Auseinandersetzung zu befördern, werden wichtige Gedanken nicht nur zusammenfassend vorgestellt und diskutiert, sondern jeweils auch in längeren Zitaten wiedergegeben.

8. Macht und Herrschaft

Viele sozialwissenschaftliche Darstellungen zu Macht und Herrschaft beginnen mit den Begriffsdefinitionen von Max Weber. Diese nicht. Denn Webers Verständnis von Macht und Herrschaft, das zweifelsfrei das am meisten zitierte und vermutlich auch rezipierte ist, steht nicht am Beginn des sozialwissenschaftlichen Macht- und Herrschaftsverständnisses, sondern stellt vielmehr eine hegemonial gewordene Deutung dar, die selbst etwas mit Macht zu tun hat: mit Deutungsmacht.

Während Weber in seinem Begriffsverständnis Macht und Herrschaft funktional und idealtypisch unterscheidet, sind die sozialwissenschaftlichen Begriffe Macht und Herrschaft im Vorfeld und Kontext der Aufklärung noch relativ wenig ausdifferenziert und beziehen sich in erster Linie reflexiv aufeinander: als Macht zu herrschen. Der sozialhistorische Hintergrund dieser Begriffsannäherung besteht darin, dass spätmittelalterliche Herrschaft klerikal monopolisiert war und Herrschafts- und Deutungsmacht ineinander fielen, also die systematische Differenzierung von Macht und Herrschaft selbst zum Ausdruck einer Infragestellung dieser Monopolisierung wurde, die auch durch ihre mangelnde Legitimität gekennzeichnet war. Insofern beginnt eine sozialwissenschaftliche Auseinandersetzung mit den Begründern der modernen Macht- und Herrschaftstheorie: mit Niccolò Machiavelli (vgl. Münkler 1984; Skinner 2008) und Thomas Hobbes (vgl. Kersting 2005; Münkler 1993).

Das Machtverständnis von Machiavelli wie von Hobbes war geprägt von einer anthropologischen Grundierung, d.h., beide hielten – wie viele andere Machttheoretiker/innen nach ihnen – das Streben nach Macht und das Bedürfnis, selbst Macht zu haben und sie gegenüber anderen auszuüben, für eine anthropologische Funktion, einen »allgemeinen Trieb der gesamten Menschheit, der nur mit dem Tode endet« (Hobbes 1651: 75; Lev. I, 11). Das entscheidende Moment des mit Machiavelli und Hobbes begründeten modernen Machtverständnisses war die Emanzipation des Machtbegriffes von der Ethik verbunden mit der Annahme, dass »alle Menschen böse sind« und stets ihrer »bösen Gemütsart folgen, sobald sie Gelegenheit dazu haben« (Machiavelli 1531: 26; Disc. I, 3). Diese Auffassung begründet ein Verständnis von Macht, in dem die Frage von effizienter Machtausübung und politischer Herrschaft durch Macht nicht (mehr) an eine moralisch-ethische Implikation der Ziele dieses Machteinsatzes gebunden war. Zugleich wird der Machtbegriff damit aber auch humanisiert, d.h. aus dem Machtmonopol der göttlichen Schöpfungsordnung gelöst und als etwas dem Menschen Eigenes begriffen. Thomas Hobbes schreibt 1651 in seinem Monumentalwerk *Leviathan*:

> »Die größte menschliche Macht ist diejenige, welche aus der Macht sehr vieler Menschen zusammengesetzt ist, die durch Übereinstimmung zu einer einzigen natürlichen oder bürgerlichen Person vereint sind, der die ganze Macht dieser Menschen, die ihrem Willen unterworfen ist, zur Verfügung steht, wie z.B. die Macht eines Staates.« (Hobbes 1651: 66; Lev. I, 10)

Macht kommt hier als Vehikel zur Emanzipation des Menschen als Subjekt zum Einsatz, die es einem mit intersubjektiver Orientierung handelnden Menschen ermöglicht, durch einen rationalen (Vertrags-)Schluss seinen Willen zu verwirklichen. Damit ist

Macht an die Vorstellung sowohl des (freien) Willens wie des Handelns gebunden, verfügt also über eine soziale Dimension sowohl hinsichtlich ihrer Konstituierung wie ihrer (kollektiven) Interaktion. Der Bezug auf den Willen des Subjekts ist hier deshalb zentral, weil auf eine kognitive wie emotionale Dimension von Macht abgestellt wird, die zwar auf einem kognitiven Prozess (des Handelns) beruht, aber erst durch den Akt des Handelns in Übereinstimmung als verbindendes Surrogat von Macht als Macht generiert wird.

Der Machtbegriff und sein Herrschaftsbezug bei Machiavelli und Hobbes ist situativ – er bezieht sich auf eine konkrete, idealtypische Situation, ohne diese historisch zu kontextualisieren; er ist systematisch, nicht genetisch. Mit Karl Marx und Friedrich Engels (vgl. Fetscher 1973; Salzborn 2012c) bekommt das Machtverständnis eine historische Dimension, ja es wird deutlich, dass Macht eine zeitlich und räumlich relationale Kategorie des Sozialen ist, die abhängig von ihren politischen, sozialen und ökonomischen Kontexten variiert – sowohl was ihre Träger angeht wie auch mit Blick auf ihre Inhalte. Damit ist Macht auch als relative Beziehung ausdifferenziert – als Macht, die man hat oder die man nicht hat. Mit der Macht verbunden ist der Aspekt politischer und ökonomischer Herrschaft und zugleich, in dialektischer Reflexivität, der Ausschluss von dieser:

»Die Gedanken der herrschenden Klasse sind in jeder Epoche die herrschenden Gedanken, d.h. die Klasse, welche die herrschende materielle Macht der Gesellschaft ist, ist zugleich ihre herrschende geistige Macht. Die Klasse, die die Mittel zur materiellen Produktion zu ihrer Verfügung hat, disponiert damit zugleich über die Mittel zur geistigen Produktion, so daß ihr damit zugleich im Durchschnitt die Gedanken derer, denen die Mittel zur geistigen Produktion abgehen, unterworfen sind. Die herrschenden Gedanken sind weiter Nichts als der ideelle Ausdruck der herrschenden materiellen Verhältnisse, die als Gedanken gefaßten herrschenden materiellen Verhältnisse; also der Verhältnisse, die eben die eine Klasse zur herrschenden machen, also die Gedanken ihrer Herrschaft.« (Marx/Engels 1845/46: 46)

Damit wird der Machtbegriff nicht nur relativ, sondern auch relational, als Mittel zu einem anderen Zweck und insofern instrumentell in seinem Charakter, nicht aber in seiner Erscheinung. Als Generalimplikation von Herrschaftsverhältnissen dient Macht insofern für Marx/Engels gleichermaßen in einem handfesten, materiellen und in einem symbolischen, geistigen Sinn, die miteinander verschränkt, aber eben doch nicht deckungsgleich sind, was eine Ausdifferenzierung des Machtverständnisses seinem Inhalt nach nahelegt.

Während das Machtverständnis von Marx/Engels ein historisches war und diesem Verständnis nach – genau wie bei Machiavelli oder Hobbes – Subjekte (wechselseitig) (inter-)agieren, also Macht eine konkrete Relationalität einer unterschiedlich intensiven Beziehung war, verschwinden die handelnden Subjekte im Macht- und Herrschaftsverständnis von Max Weber (vgl. Heins 2010; Müller 2007) zugunsten einer idealtypischen Sichtweise:

»Macht bedeutet jede Chance, innerhalb einer sozialen Beziehung den eigenen Willen auch gegen Widerstreben durchzusetzen, gleichviel worauf diese Chance beruht.

Herrschaft soll heißen die Chance, für einen Befehl bestimmten Inhalts bei angebbaren Personen Gehorsam zu finden; [...].

Der Begriff ›Macht‹ ist soziologisch amorph. Alle denkbaren Qualitäten eines Menschen und alle denkbaren Konstellationen können jemand in die Lage versetzen, seinen Willen in einer gegebenen Situation durchzusetzen. Der soziologische Begriff der ›Herrschaft‹ muß daher ein präziserer sein und kann nur die Chance bedeuten: für einen Befehl Fügsamkeit zu finden.« (Weber 1921: 28 f.)

Webers Macht- und Herrschaftsverständnis ist funktional und ahistorisch, d.h. in seinem Anspruch zugleich übergesellschaftlich, da der Macht- und Herrschaftsbegriff seinem Wesen nach universellen Anspruch hat – unabhängig vom sozialen Kontext und von konkreten Akteuren. Legitime Herrschaft kann dabei für Weber drei idealtypische Ausprägungen annehmen, als legale, traditionale und charismatische Herrschaft (vgl. Salzborn 2012a: 39). Weber betont den amorphen Charakter von Macht und Herrschaft, also ihre strukturell-funktionale Dimension als eine soziale Beziehung, in der aber die Akteure nicht mitgedacht werden. Zugleich spezifiziert Weber auch die Differenzen zwischen Macht und Herrschaft, unterscheidet damit in starkem Maße die beiden miteinander affinen Phänomene durch den Aspekt des Befehls, also eine soziale Beziehung, in der – aus nicht näher bestimmten Gründen – der Wille der dominanten gegenüber dem Willen der nicht-dominanten Person(en) durchgesetzt wird. Macht und Herrschaft fallen damit bei Weber als soziale Phänomene auseinander, der soziale wird zu einem vermachteten Raum, der nicht zwingend auch im politischen Sinn ein Herrschaftsraum sein muss; gleichwohl ist Herrschaft für Weber immer reflexiv auf Macht bezogen. Otwin Massing (2004: 25) hat Herrschaft vor diesem Hintergrund als ein »soziales Verhältnis« gefasst, bei dem »Verfügende und solche, über die verfügt werden kann (und darf), in wechselseitigen, wenn auch asymmetrisch strukturierten Beziehungen zueinander stehen«, wobei Herrschaft letztlich als »Recht auf Gehorsam« definiert werden könne.

Liegt im Weber'schen Begriffsinstrumentarium noch die implizite Annahme, dass Macht als Herrschaft aufgrund ihres Befehlscharakters Gewaltförmigkeit annehmen muss, so widerspricht Hannah Arendt (vgl. Breier 2011; Vowinckel 2006) dieser – auch bei anderen anzutreffenden – Vorstellung entschieden:

> »Macht entspricht der menschlichen Fähigkeit, nicht nur zu handeln oder etwas zu tun, sondern sich mit anderen zusammenzuschließen und im Einvernehmen mit ihnen zu handeln. [...] Macht gehört [...] zum Wesen aller staatlichen Gemeinwesen, ja aller irgendwie organisierten Gruppen, Gewalt jedoch nicht. [...] Auch die größte Macht kann durch Gewalt vernichtet werden; aus den Gewehrläufen kommt immer der wirksamste Befehl, der auf unverzüglichen, fraglosen Gehorsam zählen kann. Was niemals aus den Gewehrläufen kommt, ist Macht.« (Arendt 2011: 45, 52, 54)

Wie Hobbes und auch Marx/Engels betont Arendt die Handlungsdimension von Macht, folgt hierbei aber einer Annahme, die Macht als sozialen Prozess begreift, der nicht nur durch Interaktion, sondern auch durch sozialen Wandel selbst geprägt und beeinflusst ist wie auch diesen wiederum beeinflusst. Im Unterschied zu Weber sind es bei Arendt gerade die handelnden Akteure, die machtvoll agieren – durch ihr Handeln, ihren Zusammenschluss, ihr Einvernehmen. Obwohl Macht für Arendt immer (auch) eine staatliche Dimension hat, ist entscheidend, dass sie Macht nun explizit von Gewalt abgrenzt. Gehorsam und Gewalt werden bei Arendt zu Gegenbegriffen von Macht – wer sie einsetzt und verwenden muss, kann zwar möglicherweise dadurch herrschen, ihm fehlt es aber gerade an Macht. Der Machtbegriff wird damit in einem ontologischen Sinn zu einem Phänomen, dessen Wesen seiner Negativität nach gerade darin besteht, als Dimension einvernehmlichen Handelns konstituiert zu sein. Schließt die Macht bei Marx/Engels noch (negativ) von Herrschaft aus, emanzipiert sie bei Arendt (wieder) genau zu jener als einer nachhaltigen, weil nicht-gewaltförmigen (positiven) Konstituierung des Politischen. In den Begriffen von David Strecker (2012: 17) steht Arendts Ansatz damit für ein Verständnis von »konstitutiver Macht«, die sich von »repressiver Macht« abgrenzt.

Die funktionalen Dimensionen des Machtverständnisses, die sich bei Weber bereits andeuten, werden weiter ausformuliert von Niklas Luhmann (vgl. Berghaus 2004; Reese-Schäfer 2011). Luhmann, für den Gewalt im Unterschied zu Arendt nicht ein Widerspruch, sondern die markanteste Formierung von Macht ist – noch zumal als physische Gewalt –, entwirft seinen systemtheoretischen Machtbegriff als kommunikatives System, in dem Macht die Funktion übernimmt, Kontingenz zu regulieren. In einem sozialen System entscheidet sie darüber, wie Unwahrscheinliches doch zur Verwirklichung gelangen kann: Macht »stellt mögliche Wirkungsketten sicher unabhängig vom Willen des machtunterworfenen Handelnden – ob er will oder nicht. Die Kausalität der Macht besteht in der Neutralisierung des Willens, nicht unbedingt in der Brechung des Willens des Unterworfenen. [...] Die Funktion der Macht liegt in der Regulierung von Kontingenz [...], kann man somit formulieren, daß Macht eine Chance ist, die Wahrscheinlichkeit des Zustandekommens unwahrscheinlicher Selektionszusammenhänge zu steigern.« (Luhmann 1975: 11 f.)

Für Luhmanns Machtbegriff zentral ist die codierende Funktion der Macht als »symbolisch generalisiertes Kommunikationsmedium« (ebd.: 13, Herv. i. Orig.), wobei Macht als Medium, wie Andreas Anter (2012: 121) sagt, »steuernde und stabilisierende Wirkung« entfaltet, also politische Entscheidungen mit einer intrasystemischen Regulierungsfunktion überhaupt erst ermöglicht; und zwar gerade in Momenten, die eben kontingent sind und – im Unterschied zum Zwang – auf der Unsicherheit, die erzeugt und beseitigt werden kann, basieren. Die Funktionen der Selbsterhaltung und Selbstregulierung von sozialen Systemen gründen sich insofern für Luhmann auf Macht, die modellierenden Einfluss auf die Kontingenz nimmt.

Ein multidimensionales, an die historisch-genetisch ausgerichteten Macht- und Herrschaftsverständnisse anschließendes Begriffsverständnis hat Michel Foucault (vgl. Gutting 2005; Sarasin 2010) formuliert. Foucault kontextualisiert Macht explizit in einem konkreten gesellschaftlichen Raum und an einem konkreten historischen Ort, betont damit also das Spannungs- und Variationsfeld von Machtphänomenen, die auch von ihm als soziales Verhältnis begriffen werden, das durch soziale und politische Kräfteverhältnisse geprägt ist:

> »Unter Macht, scheint mir, ist zunächst zu verstehen: die Vielfältigkeit von Kräfteverhältnissen, die ein Gebiet bevölkern und organisieren; das Spiel, das in unaufhörlichen Kämpfen und Auseinandersetzungen diese Kräfteverhältnisse verwandelt, verstärkt, verkehrt; die Stützen, die diese Kraftverhältnisse aneinander finden, indem sie sich zu Systemen verketten – oder die Verschiebungen und Widersprüche, die sie gegeneinander isolieren; und schließlich die Strategien, in denen sie zur Wirkung gelangen und deren große Linien und institutionelle Kristallisierungen sich in den Staatsapparaten, in der Gesetzgebung und in den gesellschaftlichen Hegemonien verkörpern.« (Foucault 1983: 93)

Foucaults Interesse gilt damit den strukturellen Dimensionen von Macht und Herrschaft, die er in Mikro-, Meso- und Makrostrukturen ausdifferenziert: Auf der Mikroebene sind es die vielfältigen Kräfteverhältnisse, die auf einem Territorium lokalisiert sind, auf der als Spiel gefassten Mesoebene interagieren diese strukturellen Kräfteverhältnisse in Kämpfen und Auseinandersetzungen miteinander und verdichten sich systematisch, auf der Makroebene werden die Strategien der Konflikte konfiguriert und zugleich – eine Begriffsannäherung an Hobbes – in institutionellen Strukturen und Hegemonieverhältnissen verkörpert. Damit wird der Machtbegriff von Foucault multidimensional – in Genese und Wirkung, allerdings verschwinden die sozialen

Akteure wieder hinter der strukturellen Fassade von »Kräfteverhältnissen«.

Zahlreiche Überlegungen zu Macht und Herrschaft sehen die Spezifik der Wirksamkeit von Macht- und Herrschaftsbeziehungen in einer empirisch nicht konkret fassbaren Dimension, die man als Wirkungsmacht durch Faszination und Identifizierung begreifen kann. Im psychologischen Sinn ein Phantasma, nimmt Mario Erdheim Macht und Herrschaft in Analogie zur Faszination des Feuers in den Blick. Für Erdheim (1988: 373 f.) sind es narzisstische »Größen- und Allmachtsphantasien«, die die soziale Wirksamkeit von Macht- und Herrschaftsbeziehungen begründen. Sie sind wechselseitiger Natur und erzeugen ein »Kraftfeld der Faszination«: »Entweder man identifiziert sich mit den Herrschenden oder mit den Beherrschten. Im ersteren Fall werden die Größen- und Allmachtsphantasien, im letzteren die Geschichte der Kränkungen, Erniedrigungen und Beleidigungen angesprochen und reaktiviert.« (Ebd.: 374)

So entwickelt sich in Macht- und Herrschaftsbeziehungen eine Relation zwischen Herrschenden und Beherrschten, die gerade aufgrund ihrer Ambivalenz und Uneindeutigkeit stabil ist, ein »Legitimationsglaube« (ebd.: 376) als Basis für einen Konsens. An die Legimitation von Herrschaftsverhältnissen wird geglaubt, weil sie »die unannehmbare Realität verdrängen helfen, die Flucht in die Illusion erlauben und die Größen- und Allmachtsphantasien der Unterworfenen ›erlösen‹« (ebd.: 377). Erdheim betont das sozialintegrative Moment von Macht- und Herrschaftsbeziehungen, das jedoch paradoxerweise in seiner integrativen Funktion gerade auf sozial desintegrativen Momenten respektive narzisstischen Kränkungen beruht.

Bei allen begrifflichen Differenzen hinsichtlich des Macht- und Herrschaftsverständnisses lässt sich festhalten, dass Macht und Herrschaft immer relationale und zugleich funktionale Begriffe sind, die In- und Exklusion begründen und auf eine Dimension asymmetrischer, sozialer Handlung verweisen – ohne dabei zu präfigurieren, welchen Inhalt diese soziale Handlung haben muss. Herrschaftsausübung kann insofern gleichermaßen auf Zustimmung wie auf Unterdrückung basieren, wobei die Variationen von Macht, die sozialer und politischer Herrschaft zugrunde liegen können, von Recht über Zwang, Belohnung und Wissen sowie Deutung bis hin zu Identifizierung oder Symbolisierung reichen (vgl. Anter 2012; Imbusch 2012). Dabei kann, einer Differenzierung von Hanna Fenichel Pitkin (1967) folgend, unterschieden werden zwischen *power to* (»Macht zu ...«) und *power over* (»Macht über ...«), also einem sozialen Phänomen, das gleichermaßen die individuelle wie die interaktive Dimension umfasst. Dies wiederum hat Gerhard Göhler (2004: 257 f.) dazu veranlasst, transitive und intransitive Macht zu unterscheiden – transitive Macht als die nach außen gerichtete, die »den eigenen Willen auf andere überträgt«, und intransitive Macht als die nach innen gerichtete, die »in sich selbst, in der Gesellschaft erzeugt und aufrechterhalten wird«, so dass Selbst- und Fremdreferenz zum zentralen Anker werden, kontextualisiert mit der Potenzialität und/oder Aktualität von Macht.

9. Staat und Gesellschaft

Der Staat steht im Mittelpunkt des modernen Denkens. Ganz gleich, ob die Perspektive eine affirmative oder kritische, eine konstruktivistische oder dekonstruktivistische, eine kognitive oder emotionale ist, kommt sozialwissenschaftliche Forschung nicht um die Dimension des Staatlichen herum. Selbst in Perspektiven einer diskursiv bzw. moralisch konzeptionierten Welt(informations-)gesellschaft jenseits nationaler Staatlichkeit scheint der Staat als normative Schablone des Denkens *ex negativo* immer auf. Die Frage der manifesten Explikation des Staatlichen in den Sozialwissenschaften ist insofern letztlich eine graduelle, keine prinzipielle: Ganz gleich, ob der Staat die bewusst adressierte Normformulierung von Theorien konkretisiert oder Staatlichkeit eben lediglich das unhintergehbare negative Fundament für konzeptionelle Distanzierungen bildet, zeigt sich die durchgehende Referenz auf den Staat als politische Ordnungsform (vgl. Voigt 2007).

Die Faszination, die der reale wie der ideale (und damit immer auch idealisierte) Staat auslöst, hat ihre Begründung in der Struktur moderner Vergesellschaftung, in der Unhintergehbarkeit des Staates als historisches Kontinuum der bürgerlichen Gesellschaft und damit der Moderne selbst. Der Staat ist deshalb unhintergehbar, weil er die moderne Gesellschaft organisiert und diese gleichsam jenen kontinuierlich reproduzieren muss, um nicht ihrer Existenz verlustig zu gehen (vgl. Gerstenberger 2006; Reinhard 1999). Der moderne Staat als nationaler Staat mit den konstitutiven Elemente eines auf Dauer gestellten Staatsvolkes, einer monopolisierten Zentralgewalt und einem vereinheitlichten und geschlossenen Territorium befindet sich insofern in einem dialektischen Verhältnis zur Gesellschaft, was auch für die Integration von Staaten in die Gesellschaften im Sinne der *state-in-society*-Theorie von Joel S. Migdal (2001) gilt. Theoretische Vorformulierung wie praktische Umsetzung einer Staatsidee können dabei gleichermaßen Auskunft über dasjenige Moment geben, das zur Identifizierung oder auch Ablehnung veranlasst; die soziologische Definition einer In-Group als Nation (vgl. Salzborn 2011b), die rechtliche Definition von besonderen Privilegien (vgl. Duve 2008) oder die religiöse Dimension, sich als Angehöriger eines bestimmten Staates als auserwählt fühlen zu dürfen (vgl. Pickel 2011), sind solche Identifizierungsangebote, die im gesellschaftlichen Raum konstruiert werden.

Folgt man Hans-Ulrich Wehlers (2001: 15ff.) Analyse der Entstehung des modernen Nationalstaates, dann handelt es sich bei diesem um ein Unikat, das nur im Westen entstehen konnte, weil nur dort alle wesentlichen Voraussetzungen gegeben waren. An der Schwelle von Vormoderne und Moderne kulminierten zahlreiche Entwicklungsstränge in einem Prozess, in dem der moderne Nationalstaat entstand. Ausgehend von einem relativ weit fortgeschrittenen inneren Konsolidierungsprozess der vormodernen Herrschaftsverbände stellte die revolutionäre Modernisierungskrise den Rahmen dar, in dem die Zielutopie des Nationalismus einen Orientierungspunkt abgab. Dieser bezog seine Attraktivität einerseits aus der Verknüpfung mit den Idealen der Aufklärung und des Liberalismus, griff aber andererseits und oft zur gleichen Zeit auf das Arsenal religiöser Traditionsbestände zurück. Auf diese Weise erhielt der moderne Nationalismus auch den Nimbus des Mythischen. Diese Entwicklung basierte auf fundamentalen sozialen und ökonomischen Eruptionsprozessen, dem Übergang von der feudalistischen zur kapitalistischen Produktionsweise, die durch die Herausbildung einer zunehmend marktabhängigen Sozialstruktur, einer wachsenden Mobilität und entstehender mittelbarer, d.h. medialer Kommunikation die Formierung nationaler als soziale Bewegungen ermöglichte. Den Schlüsselkonflikt des Nationalismus der Moderne bildet dabei letztlich die Frage, ob ein stärkeres Gewicht auf Emanzipation, Liberalismus und Aufklärung gelegt wurde oder man sich auf den schicksalhaften Bezug überirdischer Kräfte berief. Während sich – idealtypisch gesprochen – im ersten Fall der Nationalstaat als politische Nation konstituierte, die sich auf einen gemeinsamen politischen Willen und die rationale Grundlage der Vernunft gründete, folgte das zweite Verständnis vormodernen Stammesmythen und transformierte diese in den Glauben an eine ethnische Schicksalsgemeinschaft als Grundlage der Nation.

Die moderne Staatsdiskussion in den Sozialwissenschaften hat ihre Vorläufer in der Rationalitätsdebatte der aufklärerischen Philosophie. Immanuel Kant (vgl. Grondin 2004; Höffe 2007) etwa begreift den Staat als die »Vereinigung einer Menge von Menschen unter Rechtsgesetzen« (Kant 1797: 313). Damit wird, in Abgrenzung zu vormodernen Herrschaftsverbänden, das Moment der rechtlichen Situierung staatlicher Ordnung betont und zugleich der handlungsorientierte Impuls des Zusammenschlusses von Menschen als Subjekten des Staates markiert. Als wesentliche Eigenschaften ergeben sich für den Staat als »rechtlich verfaßte Gemeinschaft« mit »wirksamer und homogener Normenordnung« (Zippelius 1999: 48) seine territoriale Begrenzung als in seiner Herrschaftsgewalt auf ein bestimmtes Territorium bezogene Organisation (im Unterschied zur Personenverbandsherrschaft), die sich auf ein Staatsvolk mit auf Dauer gestellter Staatsangehörigkeit gründet und auf einer akzeptierten (mit Weber gesprochen *legitimen*) Monopolisierung physischer Gewalt basiert, die durch die Kooperation von Herrschenden und Beherrschten zustande kommt und damit Einheit wie innere und äußere Souveränität der Staatsgewalt garantiert (vgl. ebd.: 48 ff.). Die Souveränität hat, wie Gunnar Folke Schuppert (2003: 157) betont hat, insofern genuin eine »zweifache Stoßrichtung«. In den Worten von Jean L. Cohen lässt sich die integrale Verbindung von souveräner Staatengleichheit und politischer Freiheit dahingehend zusammenfassen, dass das Konzept »die externe Unabhängigkeit von politischen und rechtlichen Beziehungen einer politischen Gemeinschaft (konstituiert), indem es eine nationale Rechtsprechung etabliert und zwischen verschiedenen rechtlichen und politischen Systemen unterscheidet. Damit garantiert es zugleich die internen Bedingungen der Möglichkeit von Selbstbestimmung und rechtlich verfasster Selbstregierung/Autonomie – also von politischer Freiheit.« (Cohen 2007: 51 f.)

Eine zentrale Debatte in den Sozialwissenschaften über den Staat bezieht sich auf die Frage nach Funktion und Zweck, aber auch nach der relativen (vor allem in Bezug auf die Gesellschaft) Substanz des Staates. Während liberale Ansätze (vgl. Salzborn 2012a: 28 ff.) stets die auf rechtlicher Gleichheit basierende Ermöglichung von individuellen Freiheiten im öffentlichen Raum der Gesellschaft betonen, die der Staat durch seine Integration von rechtlicher Struktur und monopolisierter Sanktionsgewalt zu garantieren in der Lage ist, sprechen konservative Ansätze (vgl. ebd.: 37 ff.) im Gegenteil dem Staat eine substanzielle Eigenlogik zu, deren Genese über die originäre Entwicklung von Staatlichkeit in der Moderne historisch rückverlagert und damit ontologisiert und/oder naturalisiert wird. Die Suprematiefunktion wird hier nicht dem Individuum, sondern der Struktur zugesprochen, also die staatliche Souveränität nicht als (liberales) Ermöglichungspotenzial für ökonomische und politische Freiheit auf der Basis von rechtlicher Gleichheit gesehen, sondern ganz im Gegenteil soll die Souveränität des Staates, der sich die Individuen nicht nur in einem persönlichen Verhältnis zu unterwerfen haben, sondern auch in einer funktionalen Logik der Einfügung in scheinbar natürliche oder ontologische Zwänge, unbedingte Geltung haben (vgl. Salzborn/Voigt 2010).

Im klassischen Konservatismus, der immer wieder Anleihen bei christlichen Herrschaftsbegründungen genommen hat, formuliert Adam Heinrich Müller (vgl. Busse 1928) diesen Verbindungsgedanken einer devoten Unterordnung mit einer organischen Vorstellung von Staatlichkeit als politischem Körper. Müller (1809: 62) sah herrschaftliche Ordnung als von Natur bzw. Gott gegeben und betonte, dass der Staat »unabhängig von menschlicher Willkühr und Erfindung« existiere, er sei nicht künstlich, sondern natürlich. Für Müller war der Staat die innige Verbindung »der gesamten physischen und geistigen Bedürfnisse, des gesamten physischen und geistigen Reichthums, des gesamten inneren und äußeren Lebens einer Nation zu einem großen energischen, unendlich bewegten und lebendigen Ganzen« (ebd.: 51). In der romantischen Lebensmetaphorik deutete sich auch der Zug des Konservatismus an, seine religiösen und hierarchischen Vorstellungen mit organischen Konzepten zu verknüpfen, die neben der Bezugnahme auf eine göttlich-sittliche Ordnung auch ein Postulat von scheinbarer Natürlichkeit in die Herrschaftsbegründung integrierten. Für Müller war der Staat »die Totalität der menschlichen Angelegenheiten, ihre Verbindung zu einem lebendigen Ganzen« (ebd.: 66), wobei die Frage danach, welchen Zweck und welche Funktion ein Staat habe, grundsätzlich abzulehnen sei, da der Staat selbst Zweck sei und nur sich selbst diene.

Georg Jellinek (vgl. Anter 2004; Paulson/Schulte 2000), auf den die Drei-Elemente-Lehre moderner Staatstheorie als Einheit aus Volk, Territorium und Gewalt zurückgeht, argumentiert mit gegenteiliger Intention. Für ihn ist der Staat als zentrales Ordnungsparadigma der Moderne stets funktional zu interpretieren, d.h., er ist einerseits Ausdruck sozialer und politischer Beziehungen von Menschen, andererseits aber hinsichtlich seiner Selbstlegitimation nur durch seinen Nutzen zu rechtfertigen, unterliegt also in keiner Weise einem Zweck außerhalb der Bedürfnisse der Menschen, die ihn konstituieren. Der Staat ist für Müller nur Selbstzweck, für Jellinek hingegen nichts anders als Mittel zum Zweck:

»Als letzte objektive Elemente des Staates ergeben sich eine Summe bestimmter in Tätigkeiten sich äußernder sozialer Beziehungen zwischen Menschen oder, noch genauer gesprochen, da der Begriff der Summe bereits eine Form subjektiver Synthese bedeutet, ein Neben- und Nacheinander bestimmter, in Beziehungen von Menschen zu Menschen sich äußernder Tätigkeiten. Er ist somit nach keiner Richtung hin Substanz, sondern ausschließlich Funktion. Die dieser Funktion zugrunde liegende Substanz sind und bleiben die Menschen.« (Jellinek 1914: 174)

Das zentrale sozialwissenschaftliche Argument hierbei ist, dass eine objektive Struktur keinen substanziellen Charakter haben könne, über den für Jellinek ausschließlich Akteure, d.h. Menschen verfügen, nicht aber Institutionen oder Strukturen. Jellinek wendet sich damit gegen eine Ontologisierung des Staates und betont dessen funktionalen Charakter – ohne dabei seine herausragende Bedeutung infrage zu stellen. Müller und Jellinek formulieren eine antagonistische Lesart von Staatlichkeit, ähneln sich aber in der formalen Perspektive ihrer Argumentation: Sie sehen den Staat primär als Zustand, nicht als Prozess – auch wenn sich bei Jellinek die Prozesshaftigkeit andeutet, da die substanzgebenden Individuen ja über eine Geschichte verfügen, so dass von einem sozialen Wandel von Strukturen auszugehen ist.

Dass Staatlichkeit kein Zustand ist, sondern vielmehr prozesshaften Charakter hat, der sich vor allem in den Ambivalenzen moderner Vergesellschaftung ausdrückt, beschreibt die Position von Franz L. Neumann (vgl. Salzborn 2009a; Söllner 1982). Neumanns Blick richtet sich auf die Widersprüchlichkeiten, die in moderne Staatlichkeit durch das Spannungsverhältnis von Souveränität und Freiheit eingelagert sind – eine Spannung, die zugleich unauflöslich wie unlösbar ist, also im klassischen Sinn eine Antinomie darstellt. Der Staat kann auf seine Souveränität nicht verzichten, will er seine Existenz nicht aufs Spiel setzen, immer aber wird Freiheit durch Souveränität eingeschränkt – Freiheit, auf die sich die Legitimation des Staates doch überhaupt erst gründet. Denn nur weil er die Freiheit seiner Bürger/innen zu garantieren verspricht, ist er zur Souveränität legitimiert. Ein Dilemma ohne Ausweg, das Neumann zu einer entwicklungsgeschichtlichen Theorie des Staates bringt. Im Zentrum seiner Analyse steht der bürgerlich-liberale Verfassungsstaat, dessen Herrschaft auf zwei Elementen basiert: auf Gewalt und Gesetz, die eben zugleich konstitutiv wie widersprüchlich sind. Der moderne Staat bedarf der gewaltförmigen Durchsetzung seiner Souveränität gegen lokale und partikulare Gewalten und der Einrichtung einer einheitlichen Verwaltung und Rechtsprechung; zugleich gibt er aber vor, eine auf allgemeine Gesetze gegründete Ordnung zu errichten, die politische Freiheit zur Sicherung der ökonomischen etabliert: »Die Allgemeinheit des Gesetzes und die Unabhängigkeit des Richters wie die Doktrin der Gewaltenunterscheidung haben deshalb Aufgaben, welche die Bedürfnisse der freien Konkurrenz transzendieren.« (Neumann 1937: 50)

Die Rechtsnorm als »hypothetisches Urteil des Staates über ein künftiges Verhalten der Untertanen« (Neumann 1937: 37) basiert auf dem Gesetz als Grundform. Die rechtliche Gleichheit, die alle Bürger/innen vor dem Gesetz haben, verschleiert aber die ökonomische Herrschaft des Bürgertums und damit die gesellschaftliche Ungleichheit. Deshalb ist die Idee des neutralen Staates für Neumann auch eine Fiktion. Denn dessen politische und rechtliche Neutralität sichert stets nur die ökonomische Ungleichheit. Dem Staat fällt dabei die Aufgabe zu, eine Rechtsordnung zu schaffen, in der die Schließung von Verträgen möglich und – durch das Gewaltmonopol – gesichert ist. In diesem Prozess der Sicherung der kapitalistischen Konkurrenz durch den Staat werden die realen Macht- und Herrschaftsverhältnisse vernebelt: Das allgemeine Gesetz als einziger Souverän erscheint als objektiv und neutral, ohne dass sein sozialer Kontext beachtet würde.

Wie der Staat ein genuines Produkt der Moderne ist, das aus einer über mehrere Jahrhunderte währenden Vorgeschichte resultiert (vgl. Roth 2003), ist auch die Entstehung einer als Gesellschaft zu bezeichnenden Sozialform ein Produkt der Moderne bzw., andersherum, die Moderne selbst wesentlich dadurch gekennzeichnet, dass sich in ihr das menschliche Leben primär in der sozialen Form der Gesellschaft organisiert. In der sozialwissenschaftlichen Diskussion ist insofern auch nicht umstritten, dass die begrifflichen Kategorien Staat und Gesellschaft zwar jeweils lange zurückreichende Vorgeschichten im geistesgeschichtlichen wie sozialhistorischen Sinn haben, jedoch beide genuines Ergebnis wie Ausdruck moderner Vergesellschaftung sind.

Gegenstand sozialwissenschaftlicher Kontroversen ist nun, was genau eine Gesellschaft ausmacht – und in welcher Weise sie von anderen, vormodernen, aber auch in der Moderne in Konkurrenz zur Gesellschaft existierenden Formen sozialer Organisation zu unterscheiden ist. Maßgeblichen Anteil an der systematischen Diskussion darüber, was eine moderne Gesellschaft im Unterschied zu vormodernen, kleinräumigen und auf persönlichen Bekanntschaften beruhenden Sozialformen sowie zu in der

Moderne fortwährenden nicht-gesellschaftlichen Vergemeinschaftungsformationen des Sozialen ausmacht, hat Ferdinand Tönnies (vgl. Bickel 1991; Clausen/Schlüter 1991) mit seiner begrifflich-systematischen Differenzierung von Gemeinschaft und Gesellschaft:

»Die Theorie der Gemeinschaft geht [...] von der vollkommenen Einheit menschlicher Willen als einem ursprünglichen oder natürlichen Zustande aus, welcher trotz der empirischen Trennung und durch dieselbe hindurch sich erhalte, [...]. Die allgemeine Wurzel dieser Verhältnisse ist der Zusammenhang des vegetativen Lebens durch die Geburt; [...] Die Theorie der Gesellschaft konstruiert einen Kreis von Menschen, welche, wie in Gemeinschaft, auf friedliche Art nebeneinander leben und wohnen, aber nicht wesentlich verbunden, sondern wesentlich getrennt sind, und während dort verbunden bleibend trotz aller Trennungen, hier getrennt bleiben trotz aller Verbundenheit. [...] Dieses ist [...] der Zustand der gesellschaftlichen Zivilisation, in welchem Friede und Verkehr durch Konvention und in ihr sich ausdrückende gegenseitige Furcht erhalten wird, welchen der Staat beschützt, durch Gesetzgebung und Politik ausbildet [...].« (Tönnies 1963: 8, 40 u. 243)

Tönnies sieht in den begrifflichen Fassungen von Gemeinschaft und Gesellschaft quasi-idealtypische Gegensätze, die auf unterschiedliche soziale Ansprüche sowohl des Individuums wie des Kollektivs verweisen und mittels deren er vor allem die soziologische Frage zu klären versucht, warum und auf welche Weise Menschen in Sozialverbänden miteinander interagieren. Während die Gemeinschaft als emotionale Form und Ausdruck des »Wesenwillens« für Tönnies auf den sozialen Nahraum wie die Familie oder das Dorf verweist und Beziehungen inkorporiert, die auf Verwandtschaft, Bekanntheit und Freundschaft basieren, zielt die Gesellschaft als Ausdruck des »Kürwillens« auf großräumige Formierungen wie die (Groß-)Stadt oder den Staat und umfasst

Orientierungen an individualisierten, abstrakten Zielen und Werten sowie Geld- und Handelsbeziehungen. Wesentlich in Relation zum Staat ist die von Tönnies formulierte Annahme, dass es eine Korrelation zwischen staatlich-politischer Organisation und gesellschaftlicher Verfasstheit gibt, dass also gemeinschaftliche Sozialformen tendenziell einen niedrigeren Abstraktions- und damit auch Rationalitätsgrad haben, zugleich aber auch ein höheres Maß an emotionaler Nähe versprechen.

Georg Simmel (vgl. Helle 2001; Jung 1990) entwickelt in seiner konfliktsoziologisch orientierten Auseinandersetzung mit dem Thema einen allgemeinen Begriff von Gesellschaft aus dem Individuum und ist der Auffassung, dass die Akteure sozialer Interaktion, die letztlich die Gesellschaft hervorbringen und ihre Fortexistenz sichern, die Individuen sind, so dass die Essenz von Gesellschaft in den intentional motivierten, aber überindividuellen Interaktionsbeziehungen besteht, die für Simmel auf Wechselwirkungen basieren, welche gleichermaßen auf alle Individuen wirken und durch ihren fortwährenden Charakter die Gesellschaft als Gesellschaft ausmachen:

»Ich gehe dabei von der weitesten, den Streit um Definition möglichst vermeidenden Vorstellung der Gesellschaft aus: daß sie da existiert, wo mehrere Individuen in Wechselwirkung treten. Diese Wechselwirkung entsteht immer aus bestimmten Trieben heraus oder um bestimmter Zwecke willen. Erotische, religiöse oder bloß gesellige Triebe, Zwecke der Verteidigung wie des Angriffs, des Spieles wie des Erwerbes, der Hilfeleistung wie der Belehrung und unzählige andere bewirken es, daß der Mensch in ein Zusammensein, ein Füreinander-, Miteinander-, Gegeneinander-Handeln, in eine Korrelation der Zustände mit andern tritt, d. h. Wirkungen auf sie ausübt und Wirkungen von ihnen empfängt. Diese Wechselwirkungen bedeuten, daß aus den individuellen Trägern jener veranlassenden Triebe und Zwecke eine Einheit, eben eine ›Gesellschaft‹ wird. Denn Einheit im empirischen Sinn ist nichts anderes als Wechselwirkung von Elementen [...].« (Simmel 1908: 5)

Während Tönnies und Simmel auf einen systematisch-typologischen Begriff von Gesellschaft abstellen, also nicht eine konkrete, historische Konstellation von Vergesellschaftung analysieren, sondern ihre empirischen Erkenntnisse generalisieren und so einen für die Moderne unterstellten Begriff von Gesellschaft mit genereller Gültigkeit entwickeln, betonen Max Horkheimer und Theodor W. Adorno (vgl. Schweppenhäuser 2009; Wiggershaus 1998) ein Gesellschaftsverständnis, das die historische Genese von Gesellschaft in das Begriffsverständnis selbst einbezieht. Gesellschaft ist für Horkheimer/Adorno geprägt von funktionalen Beziehungen – hierin durchaus ähnlich den Überlegungen von Simmel –, die jedoch nicht durch eine Wahlfreiheit von Individuen, sondern durch eine soziale Präfiguration gekennzeichnet sind, in der nicht primär das Individuum die Gesellschaft gestaltet, sondern andersherum die Gesellschaft in ihrer Totalität die systematische und funktionale Rolle der Individuen organisiert und damit ihre Wahl- und Optionsfreiheit zu einer lediglich scheinbaren macht. Zugleich, und darin liegt die Dialektik des Gesellschaftsbegriffs von Horkheimer/Adorno, wird diese gesellschaftliche Totalität aber dadurch manifestiert, dass jedes Individuum selbst seine Funktion fortwährend faktisch auch erfüllt:

> »Mit Gesellschaft im prägnanten Sinn meint man eine Art Gefüge zwischen Menschen, in dem alles und alle von allen abhängen; in dem das Ganze sich erhält nur durch die Einheit der von sämtlichen Mitgliedern erfüllten Funktionen und in dem jedem einzelnen grundsätzlich eine solche Funktion zufällt, während zugleich jeder einzelne durch seine Zugehörigkeit zu dem totalen Gefüge in weitem Maße bestimmt wird.« (Horkheimer/Adorno 1956: 22)

Gesellschaft und Staat sind für die sozialwissenschaftliche Diskussion moderne Kategorien, die systematisch die Formen des menschlichen Zusammenlebens in ihrer organisierten und institutionalisierten, aber auch in ihrer freien und informellen Form zu fassen versuchen. Dabei spielen funktionale und strukturelle Dimensionen gleichermaßen eine Rolle wie die Frage nach dem Verhältnis von Individuum und Kollektiv, die in der Tendenz zugunsten der Betonung einer zunehmenden, wenngleich auch nicht vollständigen, Freiheitsmöglichkeit für das Subjekt durch die modernen Organisationsformen von Staat und Gesellschaft beantwortet wird. Obgleich Staat und Gesellschaft für soziale und politische Ordnungen regulierende und strukturierende Funktionen erfüllen, liegt in beiden – im Unterschied zu Kategorien wie Polis, Ekklesia oder Reich auf der einen (vgl. Roth 2003) und Gemeinschaft, Stamm oder Sippe auf der anderen Seite (vgl. Service 1977) – ein individuelles Freiheitspotenzial, das sich durch die Schaffung eines subjektiven Handlungsspielraums jenseits von Kontrolle und Reglementierung durch formelle oder informelle Macht- und Herrschaftsbeziehungen in einem privaten Raum auszeichnet. Im Gesellschaftsbegriff ist – ungeachtet aller Differenzen darüber, für wie frei oder unfrei es empirisch auch gehalten werden mag – das Individuum als Subjekt mitgedacht, im Gemeinschaftsverständnis ist es letztlich im Kollektiv aufgehoben und damit faktisch suspendiert. Das moderne Freiheitspotenzial ist aber stets ein ambivalentes und begrenztes, weil sich Staat und Gesellschaft einerseits eben in Konkurrenz zu anderen Formen der Sozialorganisation befinden, und andererseits, weil in ihnen selbst Widersprüche angelegt sind, die das Versprechen der Freiheit in der Moderne zu einem nie vollkommen einlösbaren machen.

10. Interesse und Konflikt

Mit Blick auf das Verständnis des Begriffes Interesse liegt eine Kluft zwischen öffentlicher und (sozial-)wissenschaftlicher Wahrnehmung. Während es im Alltagsverständnis oft als deutliche Kritik gemeint ist, wenn jemand »nur« sein Interesse verfolgt (und sich nicht am Gemeinwohl orientiert), liegt die Grundannahme eines interessenorientierten und damit intentionsabhängigen Handelns allen akteursorientierten Ansätzen in den Sozialwissenschaften zugrunde, da jenseits von unbewussten und/oder bewussten Motivationen überhaupt keine soziale Interaktion denkbar wäre. In der öffentlichen Wahrnehmung und Verwendung des Interessenbegriffs liegt damit überdies die stillschweigende Hoffnung, dass politisches und soziales Handeln eben nicht am Individuum, sondern an der Gattung und den ihr gemeinsamen Interessen orientiert wäre, was zurückgeht in die Zeit der Entstehung der aufgeklärten Moralphilosophie und ihrer epistemischen Wende mit der empirischen Erkenntnistheorie von John Locke (vgl. Euchner 1996; Specht 2007).

Den philosophischen Ausgangspunkt im Denken von Locke bildete seine strikt empirische Erkenntnistheorie, nach der es keine angeborenen Ideen gibt und der menschliche Geist eine *tabula rasa* ist, die durch Sinneseindrücke und Reflexionen geprägt wird (vgl. Locke 1689). Dabei ging Locke von einer Limitierung des individuellen Selbsterhaltungsrechts durch eine Verpflichtung zum Erhalt der menschlichen Gattung aus (vgl. Ottmann

2006: 353). Sein »Empirismus der Ideen« (Specht 2007: 39) stellte eine fundamentale Abgrenzung von der scholastischen Naturrechtslehre dar, indem Locke nur mehr davon ausging, dass Gott dem Menschen Vernunft verliehen habe (vgl. Euchner 1996: 17ff.). Damit bleibt Lockes Interpretation zwar noch einer teleologischen Ethik verhaftet, weil sie die Vernunft nicht aus der Blickrichtung des menschlichen Nutzens legitimiert, sondern ihre Verpflichtung vielmehr daraus resultierte, aus dem Willen Gottes zu stammen (vgl. Locke 1664). Gleichwohl eröffnete Locke erkenntnistheoretisch den Denkraum für ein freie, am individuellen Interesse orientierte Anthropologie, weil seine *tabula rasa* sich eben aus subjektivem Leben und Erleben speist – womit er letztlich zwar einer gattungsorientierten Ethik verpflichtet bleibt, aber sich doch ganz an der Hobbes'schen Nutzenmaximierungsstrategie ausrichtet: Das erste Gut des Menschen, so heißt es bei Hobbes (1959: 24), sei die Selbsterhaltung, während »unter allen Übeln an erster Stelle« der Tod, im Besonderen der »Tod unter Qualen« stehe. Menschen wünschen und erstreben laut Hobbes (1640: 97f.) das, »was für sie selbst gut ist«, und suchen zu vermeiden, »was ihnen schädlich ist«, jedoch »am meisten den schrecklichen Feind der Natur, den Tod, von dem wir sowohl den Verlust unserer Macht wie auch den größten körperlichen Schmerz während des Verlustes erwarten«.

Das Verhältnis von Individuum und Gattung ist notwendig spannungsgeladen, weil auf der einen Seite abstrakt gemeinsame Interessen der Gattung benannt werden können – wie Leben, Nahrung, Schutz vor Umwelt- und Naturereignissen, Sexualität usw. –, es aufgrund von Ressourcenknappheit und wegen des freien Willens der Individuen entlang dieser allgemeinen (und freilich auch darüber hinaus weiterer, spezialisierter) Interessen jedoch notwendig zu Konflikten kommen muss. Dies zeigen etwa aufgrund von Knappheit unvermeidbare Verteilungskonflikte um

Rohstoffe, Nahrungsmittel und andere natürliche Ressourcen, aber auch Bedürfnisse wie Liebe und Sexualität – da Begehren nicht immer erwidert wird und so auch als einseitige Nicht-Beziehung, sprich: konflikthaft durch Versagung, verlaufen kann.

So sehr auch im öffentlichen Verständnis der Wunsch nach Gemeinwohlorientierung und egoistischer Interessenlosigkeit, nach Harmonie und Konsens existieren mag, so wenig sind diese aus sozialwissenschaftlicher Perspektive dauerhaft möglich. Gemeinwohl, so kann mit Ernst Fraenkel (vgl. Göhler/Buchstein 2000; Ooyen/Möllers 2009) argumentiert werden, ist nicht abstrakt definierbar, sondern muss in konkreten Interessenauseinandersetzungen ausgehandelt werden (vgl. Fraenkel 1964). Bei einer Orientierung am Individuum als genuinem Subjekt der Politik kann »Gemeinwohl« im gesellschaftlichen Kontext niemals *a priori*, sondern ausschließlich *a posteriori* bestimmt werden, da die ihm zugrunde liegende Vorstellung von Gerechtigkeit »kein absoluter, sondern ein relativer Begriff« (Walzer 1992: 440) ist.

Bereits Georg Wilhelm Friedrich Hegel (vgl. Jaeschke 2010; Schnädelbach 2011) hat betont, dass eine Interesselosigkeit handelnder Subjekte philosophisch undenkbar ist, wobei er zwischen den subjektiven Motivationen und dem aktiven Handeln unterschied und einen finalisierten Interessenbegriff formulierte, der vom Ergebnis des Handelns und den darin konkretisierten Motiven her entwickelt wird. Hegel (1830: 298; § 475) schreibt, dass, »insofern der Inhalt des Triebes als Sache von dieser seiner Tätigkeit unterschieden wird, die Sache, welche zu Stande gekommen ist, das Moment der subjektiven Einzelheit und deren Tätigkeit enthält«, das Interesse sei: »Es kommt daher nichts ohne Interesse zustande.« Jenseits der philosophischen Begriffsbildung ist daran sozialwissenschaftlich bedeutsam, dass die Relativität des Begriffs Interesse betont wird, der erst in der Interaktion von gedanklicher Intuitivität und faktischer Intentionalität entsteht, also wechselseitig des Denkens wie des Handels bedarf, um als Interesse kenntlich zu sein. Umgekehrt ließe sich auch sagen, dass im Begriff des Interesses die soziale Dimension implizit bereits mitgedacht ist, da in einem strikten Individualismus, der sich auf innere Kontemplation bezieht, nur insofern ein Interesse vorläge, als es sich negativ von der Gesellschaft abwendet. Man könnte auch sagen, der Interessenbegriff hat seinen Ausgangspunkt in einem (subjektiven) Sollen, konkretisiert sich aber erst in der Faktizität eines (subjektiven) Seins. Damit liegt jeder sozialen Handlung ein Interesse zugrunde, in Verbindung der Gedanken von Hegel und Locke handelt es sich um die durch Sinneseindrücke und Wahrnehmung intersubjektiv generierte und subjektiv formulierte Interaktionsbeziehung zur Konkretisierung der sozial präfigurierten *tabula rasa*. Kurioserweise ist damit der sozialwissenschaftliche Interessenbegriff entgegen seiner umgangssprachlichen Verwendung nicht nur kein Gegenbegriff zum Gemeinwohl (das sich erst und überhaupt durch die Multiplikation und den Konflikt von Interessen ergeben kann), sondern überdies hinsichtlich seiner Substanz ein gänzlich neutraler Begriff.

Die jeweilige historische Realität in ihren zeitlichen und räumlichen Konkretisierungen kontextualisiert dabei das Möglichkeitsfeld des sozialwissenschaftlichen Interessenbegriffs. Für die moderne Vergesellschaftungsform hat Jürgen Habermas (vgl. Iser/Strecker 2010; Reese-Schäfer 2001), verbunden mit einer anthropologischen Fundierung seiner eigentlich historisch relativen Kategorien, diese soziale Rahmung an Arbeit und Interaktion gebunden. Für Habermas entsteht der soziale Möglichkeitsraum dessen, was als Interesse gelten kann, damit – wie bei Hegel – genuin in einer Interaktionsbeziehung und überhaupt erst durch sie und mit ihr. Habermas bindet allerdings – im Gegensatz zu Hegel – das Interesse an die materiellen Grundlagen von Gesellschaft zurück und hält es für das Ergebnis eben jener Konflikte, die Gesellschaft prägen:

> »*Interessen* nenne ich die Grundorientierungen, die an bestimmten fundamentalen Bedingungen der möglichen Reproduktion und Selbstkonstituierung der Menschengattung, nämlich an *Arbeit und Interaktion*, haften. [...] In der Selbstreflexion gelangt eine Erkenntnis um der Erkenntnis willen mit dem Interesse an Mündigkeit zur Deckung [...]. Vernunft steht zugleich unter dem Interesse an Vernunft.« (Habermas 1968b: 242 u. 244; Herv. i. Orig.)

Zugleich erweitert Habermas den Interessenbegriff damit auch um das Moment der Selbstreflexion und integriert den Aspekt der intersubjektiven Gemeinwohlorientierung in das Interessenverständnis. Damit geht er über eine rein additive Beziehung hinaus und unterstellt, dass nicht nur in der sozialen Interaktion, also wie von Fraenkel oder Walzer unterstellt, eine Gemeinwohlkonstituierung vom Ergebnis her erfolgen kann, sondern verlagert diese in das Subjekt – als Fähigkeit und Fertigkeit, die dem Subjekt mehr individuelle Macht einräumt. Für Habermas kann das Subjekt als Subjekt allein durch einen philosophischen Akt, den der Selbstreflexion, die subjektive Dimension des Interesses auf eine intersubjektive Ebene, die der abstrakten Mündigkeit, heben. Damit nimmt Habermas ein dem Subjekt jenseits seiner konkreten Vergesellschaftung innewohnendes Vermögen an, das letztlich anthropologisch fundiert sein muss. Denn die Formulierung und Entwicklung von Interessen kann anders als bei Hegel kein neutraler Akt bleiben, der durch seine formale Konstituierung begründet wird, sondern dem Interessenbegriff wird eine normative Dimension eingeschrieben, die in einem außerhalb der intersubjektiven Bestimmbarkeit liegenden Begriff der Mündigkeit liegt. Damit kehrt Habermas den Begriff des Interesses kategorial ins Positive und hebt den Aspekt der Mündigkeit, den er selbst aufgrund seines eigenen Interesses einfordert, in sein Gegenteil auf. Was ist schließlich, intersubjektiv gedacht und positiv formuliert, Mündigkeit, wenn sie als zwingende Folge *jeder* Selbstreflexion normativ unterstellt wird (und damit der Möglichkeit benommen ist, auch zu Unmündigkeit führen zu können)?

In dem Gedanken von Habermas ist das Subjekt seiner eigentlichen Spezifik strukturell beraubt: der Subjektivität, die in Allgemeinheit nicht bestimmbar ist, will man ihr keine Gewalt antun. Denn das politische Denken in Wünschen und Utopien läuft stets Gefahr, unzulässige Verallgemeinerungen vorzunehmen; dem Subjekt wird dabei zugleich sein subjektiver Geltungsanspruch wie seine ursächliche Verankerung in objektiven gesellschaftlichen Strukturen genommen. Für den sozialwissenschaftlichen Interessenbegriff wesentlich ist insofern ein Einwand, der sich mit Adorno gegen Habermas formulieren lässt:

»Daß die Negation der Negation die Positivität sei, kann nur verfechten, wer Positivität, als Allbegrifflichkeit, schon im Ausgang präsupponiert. Er heimst die Beute des Primats der Logik über das Metalogische ein, des idealistischen Trugs von Philosophie in ihrer abstrakten Gestalt, Rechtfertigung an sich. Die Negation der Negation wäre wiederum Identität, erneute Verblendung; Projektion der Konsequenzlogik, schließlich des Prinzips von Subjektivität, aufs Absolute.« (Adorno 1966: 162)

Die subjektive als emanzipative Dimension, im Sinne einer Nicht-Konkretisierung des subjektiven Interessenbegriffs, entwickeln Pierre Bourdieu und Loïc J.D. Wacquant (1996: 148) in ihrem Gedanken, dem zufolge ein Interesse haben heiße, »einem bestimmten sozialen Spiel zugestehen, daß das, was in ihm geschieht, einen Sinn hat, und daß das, was bei ihm auf dem Spiel steht, wichtig und erstrebenswert ist«. Der Fokus des Interessenbegriffs liegt dabei (wieder) zugleich im Individuum wie im sozialen Handeln, das hier als »Spiel« gefasst wird, wobei als Gegenteil von Interesse nicht nur Interessenfreiheit und Willkür, sondern besonders auch Indifferenz verstanden wird. Die Konkretisierung dessen, was als erstrebenswert gilt, bleibt auch bei Bourdieu und Wacquant konsequent im Bestimmungsraum des Individuums, wobei vor allen Dingen die Streitbarkeit und Differenz von Interessen in den sozialen Blickpunkt rücken. Im Rahmen jeder Form der sozialen Kämpfe bestimmt der Interessenbegriff damit die jeweils subjektive Einschätzung darüber, ob das Umstrittene für wichtig erachtet wird – was auch bedeutet, dass Interessen sich im sozialen Raum, je nach »Spiel«, ändern und wandeln können, aber auch wechselseitig überlappen und zu punktuellen Übereinstimmungen zwischen Individuen führen können. Zu betonen ist dabei auch, dass jedes »soziale Spiel« in seiner konkreten Gestalt selbst erzeugt, was als Interesse gilt, und insofern eine dreifache Relationalität angenommen werden muss: die der Generierung von Interessen durch die Subjekte, die der Formierung von Interessenmodalitäten durch die Interaktion und die der Begrenzung möglicher Interessen durch die soziale Rahmung.

Während Habermas den Interessenbegriff von seiner individualphilosophischen Dimension in eine gesellschaftliche Kategorie übersetzt hat, die auf sozialen Konflikten und gesellschaftlichen Widersprüchen basiert, waren es die von Sigmund Freud (vgl. Gay 2006; Lohmann 1999) ausgehenden psychoanalytischen Überlegungen, die gezeigt haben, dass das Interesse von Individuen wie Gruppen nicht ausnahmslos in der Verfolgung von materiellen, bewussten Absichten besteht, sondern auch in immateriellen, unbewussten Motivationen wurzeln kann. Die psychoanalytische Perspektive hat den rein rational-ökonomischen Interessenbegriff erweitert und darauf hingewiesen, dass das menschliche Interesse auch triebbedingt sein kann und sich in ihm unbewusste Fantasien ausagieren. Der für das Verständnis von unbewussten Interessen wichtige psychoanalytische Triebbegriff sollte jedoch nicht – wie dies in einem umgangssprachlichen Verständnis der Psychoanalyse oft geschieht – in einem biologistisch-deterministischen Verständnis interpretiert werden, sondern in einem sozial-psychologischen und damit psychosomatischen Sinn verstanden werden – so wie er etwa im englischen Begriff *drive* stärker zum Ausdruck kommt als im deutschen Wort Trieb: »Im Gegensatz zu dem ebenfalls körperlich verankerten, jedoch vollständig der Biologie zugeordneten Begriff Instinkt bezeichnet Trieb eine größere Verhaltensoffenheit, die dem psychischen Bereich generell eignet.« (Butzer 2002: 737) Der Triebbegriff, der auch als psychoanalytisch erweiterte Kategorie des sozialen Interessenbegriffs gelesen werden kann, wird dabei in die Momente Drang, Ziel, Objekt und Quelle differenziert, was auf die vielfältigen – somatischen, psychischen und sozialen – Dimensionen des Triebbegriffs hinweist (vgl. Freud 1915: 214 ff.).

Wenn, mit Bourdieu/Wacquant gedacht, etwas »auf dem Spiel steht« und, mit Freud gesprochen, elementare (Trieb-)Kräfte im Individuum dieses zur Aufrechterhaltung des eigenen Interesses anhalten, dann ist dieses Interesse im sozialen Raum umstritten, umkämpft und letztlich nicht konsensfähig, sondern widersprüchlich. Insofern liegt in der sozialwissenschaftlichen Annahme des Interesses begrifflich notwendig auch immer die des Konflikts: Wer von subjektiven Interessen ausgeht, die nicht präsumtiv in einem ontologischen Gemeinwohl aufgehoben sind, muss notwendig von der sozialen Konflikthaftigkeit ausgehen, die aus der Interaktion von konkurrierenden Interessen entsteht. Nun gibt es in der sozialwissenschaftlichen Diskussion um (Interessen-)Konflikte zwei grundsätzlich verschiedene Positionen, die bis in die Gegenwart die Debatten prägen und auf die strukturfunktionalistischen bzw. systemtheoretischen Überlegungen von Talcott Parsons (vgl. Gerhardt 2002) auf der einen und die konfliktsoziologischen Annahmen von Ralf Dahrendorf (vgl. Peisert/Zapf 1994) auf der anderen Seite zurückgehen. Parsons und Dahrendorf interpretieren sowohl die Notwendigkeit wie die Sinnfunktion von Konflikten grundsätzlich unterschiedlich und formulieren damit jeweils ein an den konkurrierenden Leitnormen von Konsens und Konflikt orientiertes Gesellschaftsmodell zwischen sozialer Ruhigstellung einerseits und gesellschaftlichem »Dauerstreit« (Dubiel 1999: 142) andererseits.

Parsons und Dahrendorf argumentieren aus jeweils unterschiedlichen Blickrichtungen: Während Parsons aus der Perspektive des Systems denkt, argumentiert Dahrendorf aus jener der Gesellschaft. Parsons betont die dem (sozialen) System immanente Logik, nach der dessen Zweck in seiner fortwährenden Stabilisierung und dauerhaften Aufrechterhaltung und damit der sozialen Ordnung als solcher basiere; Dahrendorf hingegen nimmt die die Gesellschaft konstituierenden Individuen in den Blick, die sich aufgrund divergierender Interessen, aber vor allem aufgrund der durch Herrschaft begründeten Machtasymmetrie grundsätzlich in einer sozialen Auseinandersetzung miteinander befinden müssen. Methodologisch bemerkenswert ist, dass beide ihre Position auf der Basis empirischer Analysen entwickeln, es sich also bei beiden nicht um ein normatives Argument handelt, sondern um ein auf Grundlage von systematischen bzw. strukturellen Analysen gewonnenes. In gewisser Hinsicht haben auch beide recht: Parsons, weil es der Logik des Systemerhalts tatsächlich entspricht, keine Konflikte zu erzeugen, die das System selbst infrage stellen könnten; Dahrendorf, weil die historische Faktizität in der Tat zeigt, dass nicht nur moderne Gesellschaften, sondern jedes menschliche Zusammenleben nicht ohne Konflikte möglich ist.

Parsons Ansatz liegt in der von ihm wesentlich begründeten strukturfunktionalistischen Systemtheorie begründet, deren analytisches Ziel in der kategorialen Bestimmung dessen liegt, was soziale Systeme sowohl hinsichtlich ihrer Funktionalität wie ihrer Stabilität konstituiert: »In a given social system, with a given type and level of differentiation, if the functions of a role are specialized relative to the social system, there will not be ›room‹ for an indefinite number of the particular class of roles in the same system.« (Parsons 1964: 116)

Dahrendorf argumentiert von einem dem Liberalismus verpflichteten konfliktsoziologischen Ansatz aus, der konsequent das Individuum in den Mittelpunkt stellt und eine starke Skepsis gegenüber den utopischen Heilsversprechungen einer befriedeten Gesellschaft formuliert: »Nicht das Vorhandensein von Konflikten, sondern die scheinbare Stille sozialer Gebilde gibt uns Grund zur Überraschung; denn jede geschichtliche Gesellschaft kennt soziale Konflikte. [...] Wo Herrschaftsverhältnisse bestehen [...] gibt es auch aus diesen hervorwachsende Konflikte, deren allgemeinster Gegenstand in der Veränderung der je bestehenden Herrschaftsverhältnisse gesehen werden kann.« (Dahrendorf 1961: 212 u. 216)

Im Vergleich der beiden Positionen zu Rolle und (Dys-)Funktionalität von sozialen und politischen Konflikten ist auffällig, dass Parsons von einer idealtypischen und Dahrendorf von einer historischen Grundannahme ausgeht, also Parsons das idealtypische Funktionieren sozialer Ordnungen durch Unterbindung von Konflikten im Blick hat, während Dahrendorf die Bedeutung des Konflikts für den sozialhistorischen Wandlungsprozess betont. Einen Ansatz zur Integration der strukturfunktionalistischen und konfliktsoziologischen Perspektive der Interpretation von sozialen und politischen Konflikten bietet der »Neopluralismus«, denn, wie gesagt, haben Parsons wie Dahrendorf von einem bestimmten Blickwinkel aus beide recht: Die Theorie des Neopluralismus (vgl. Salzborn 2012a: 49 ff.) basiert auf der Annahme, dass die Vertretung von konkurrierenden Interessen einer politischen Ordnung nicht schadet, sondern vielmehr deren Fundament bildet. Auf der Basis der Anerkennung konkurrierender sozialer Lebensformen soll ein kontroverser Prozess der Willensbildung stattfinden, dem jedoch ein gemeinsam anerkannter Wertekodex quasi als systemisches Fundament zugrunde liegt. Jede Konfliktordnung benötigt also zugleich die politische Einheit, um ihre Existenz nicht zu riskieren.

11. Sozialisation und Geschlecht

Nach welchen Prinzipien und Regeln erfolgt die Interaktion zwischen Individuum und Gesellschaft, wie reproduziert eine soziale oder eine politische Ordnung die Grundlagen ihrer Existenz, und in welcher Weise gelingt es ihr zugleich, innerhalb und außerhalb ihres gesellschaftlichen Rahmens entstehende Transformationsanforderungen zu integrieren – oder auch nicht? In der sozialwissenschaftlichen Diskussion über die vermittelnden und (des-)integrierenden Prozesse zwischen Individuum und Gesellschaft, aber auch über die Entwicklung von Individualität im Spannungsfeld von Psycho- und Soziogenese (vgl. Elias 1939) spielt die Frage nach Struktur, Funktion und Intention von Sozialisation eine wesentliche Rolle (vgl. Veith 2008).

Sozialisationsprozesse, so lässt sich relativ allgemein festhalten, sorgen für die Verinnerlichung von Werten, Normen und Verhaltensmustern und führen zur Herausbildung und Entwicklung einer individualisierten Persönlichkeit bzw. Charakterstruktur. Ihr allgemeinstes Ziel ist die »Reproduktion der gesellschaftlichen Verhältnisse« (Koller 2008: 124). Insofern handelt es sich bei Sozialisationsprozessen um eine Interaktionsbeziehung von Individuum und Gesellschaft, in der Sozialisation einen doppelten Prozess, einen äußeren und einen inneren, umfasst. Als äußerer Prozess fungiert Sozialisation im Sinne des bewussten und/oder unbewussten Einwirkens von vermittelten gesellschaftlichen und politischen Anforderungen auf das Individuum, als innerer Prozess beschreibt Sozialisation den Vorgang der psychischen und physischen Veränderungen des Individuums, die durch interaktive Einflussnahme initiiert, befördert oder auch gehemmt werden. Beide Dimensionen hängen zusammen, betreffen aber unterschiedliche Abstraktionsebenen von Vergesellschaftung: Während die äußere Dimension sich vor allem auf eine soziologische und pädagogische Perspektive bezieht, ist für die innere Dimension vor allen Dingen eine psychologische Perspektive von Bedeutung. Darauf, dass ein Zusammenhang zwischen geschichtlicher Entwicklung der Menschheit und der Reformulierung und Reproduktion dieser in individuellen Biografien besteht, also dass quasi die wesentlichen Entwicklungslinien der gesamten Menschheitsgeschichte in den Sozialisationsprozessen des Individuums vom Neugeborenen bis zum Erwachsenen immer wieder nachvollzogen werden (müssen) und insofern jedes individualisierte Lernen immer auch eine sozialisatorische Reproduktion der Menschheitsgeschichte ist, hat Norbert Elias (1939) hingewiesen. Wie dieses Verhältnis sich konkret gestaltet, ob und wenn ja, inwiefern es als Individuationsprozess zur Entwicklung von tatsächlichen Subjekten oder nur von zwar prinzipiell zur Mündigkeit befähigten, aber faktisch oft unmündigen Einzelwesen führt, ist Gegenstand der sozialwissenschaftlichen Diskussion.

Die psychoanalytische Perspektive richtet sich auf die Primärsozialisation, insbesondere durch die familiäre Konstellation. Sigmund Freud (1912/13, 1923, 1930) ging von einem komplexen psychischen Apparat aus, der sich beim Kleinkind zu entwickeln beginnt. Insbesondere die narzissmusorientierte Forschung hat überdies betont, dass bereits die pränatale Situation sich im Sinne einer sozialisatorischen Prägung auswirkt (vgl. Grunberger 1982). Aus Wünschen und Versagungen, die sich zwar individuell ausdrücken, aber auf gesellschaftliche Regeln und Normen verweisen, die in der Familie (vgl. Fromm 1936: 109) vermittelt werden, bildet sich ein psychischer Apparat bestehend aus Es, Ich und Über-Ich, in dem das Ich fortlaufend zwischen den Normen und Werten auf der einen und den Wünschen und Lüsten auf der anderen Seite intrapsychisch vermitteln muss – beide psychischen Dimensionen, das Über-Ich und das Es, sind sozial geprägt und in ihren dominanten Zügen jeweils Ausdruck hegemonialer Wert- und Normvorstellungen bestimmter Epochen, Schichten oder Klassen (vgl. Institut für Sozialforschung 1936). Aus Sicht der Psychoanalyse bewegen sich die Sozialisationserfahrungen von Individuen zwischen bewussten und unbewussten Momenten, also solchen, die aktiv erinnert werden (können), und solchen, die verdrängt wurden – etwa Gewalterfahrungen oder moralisch sanktioniertem Verhalten in der Kindheit. Gegen die kulturell geprägten Normvorgaben, die durch Erziehung vermittelt werden, stehen damit immer die triebbedingten Bedürfnisse, die durchaus auch im Einklang mit Erziehungszielen stehen können, aber eben nicht müssen, so dass der Sozialisationsprozess gleichermaßen zu Anpassung an wie zu Widerspruch gegen jeweils herrschende Sozialordnungen führen kann.

Dass Sozialisationsziele sich aufgrund sich wandelnder gesellschaftlicher Kontextbedingungen ebenfalls ändern, dass also keine ontologisch gültigen Erziehungsziele existieren, sich diese vielmehr immer an den Anforderungen von Gesellschaft orientieren, aber nicht immer im Konsens mit ihnen stehen müssen, hat Émile Durkheim (vgl. Lukes 1990) herausgestellt. Durkheim (1973: 52) hat betont, dass »die Ziele der Erziehung [...] soziale Ziele« seien, weil es stets eine soziale Analogie zwischen Sozialisationsinstanzen und gesellschaftlichen Institutionen gebe. Folglich geht Durkheim auch davon aus, dass eine Diskrepanz zwischen Intention und Funktion von Erziehung besteht, die sich auf Sozialisationsprozesse auswirkt: »Jedesmal, wenn das System der erzieherischen Methoden tiefgehend verändert worden ist, geschah es unter dem Einfluß irgendeiner großen sozialen Strömung, die auf der ganzen Breite des kollektiven Lebens fühlbar wurde.« (Durkheim 1973: 53)

In sozialer Perspektive besteht also ein Konfliktpotenzial zwischen, wie Talcott Parsons (vgl. Gerhardt 2002) es formuliert hat, Rolle und Rollenerwartung (vgl. Parsons 1964, 1971) oder, in den Worten von Erving Goffman (vgl. Raab 2008; Willems 1997), zwischen dem, was auf der Vorderbühne inszeniert wird, und dem, was auf der Hinterbühne abläuft (vgl. Goffman 1959). Was bei Parsons die Rollenerwartung, ist bei Goffman die Vorderbühne – das sozial erwünschte, anerkannte und öffentliche Verhalten, dessen Leitideale und Wertvorstellungen durch Sozialisation vermittelt und internalisiert werden – dem entgegen stehen die soziale Rolle von Parsons und die Hinterbühne von Goffman: Die soziale Rolle ist funktional und nicht intentional, d.h., sie wird in funktional unterschiedlichen Kontexten auch auf unterschiedliche Weise gespielt. Die Hinterbühne ist quasi der nichtöffentliche Ort, an dem Menschen nicht mehr den an sie gerichteten Erwartungshaltungen entsprechen müssen, sondern von diesen abweichen oder ihnen auch zuwiderhandeln können.

Beide Ansätze zeigen die Doppelbödigkeit von Sozialisation und Erziehung in konkreten gesellschaftlichen Ordnungen, die im Politischen mit den Begriffen von Öffentlichkeit und Privatheit verbunden sind. Sie weisen aber auch auf das reflexive Potenzial des Individuums im Prozess der Sozialisation hin, denn ein Verhalten jenseits der Rollenerwartung bzw. eine von dem auf der Vorderbühne Üblichen abweichende Handlung zeigt, dass ein reflexives Bewusstsein von einer Differenz besteht – einer Differenz zwischen dem, was sozial erwünscht und dem, was individuell gewünscht ist. Es ist im Prinzip dieselbe Differenz, die die psychoanalytische Perspektive zwischen Trieb und Kultur anspricht, in der das Moment der sozialisatorischen Befreiung zu lokalisieren ist. Nur im Bewusstsein des *Anders-Sein-Könnens* liegt das Potenzial für den historischen Transformationsprozess, den Durkheim angesprochen hat und der gesellschaftlichen Wandel selbst zum Gegenstand von Sozialisation macht – wenngleich auch mitunter als nicht-intendierten, ja sogar gegenläufigen Effekt. Normativ formuliert bringt Jean Piaget (vgl. Kesselring 1999; Scharlau 1996) dieses historisch-empirische Potenzial auf den Punkt:

> »Das vornehmlichste Erziehungsziel ist, Menschen zu schaffen, die fähig sind, neue Dinge zu tun, nicht einfach das zu wiederholen, was andere Generationen taten – Menschen, die schöpferisch, erfinderisch, die Entdecker sind. Das zweitwichtigste Erziehungsziel ist, Geister heranzubilden, die kritisch sind, verifizieren können und nicht alles hinnehmen, was man ihnen anbietet.« (Piaget, zit. n. Pulaski 1975: 158)

Piaget entwickelt einen normativen Sozialisations- bzw. Erziehungsbegriff, der sich von der Stabilisierungsfunktion für bestehende soziale oder politische Ordnungen implizit abhebt. Auch wenn Piaget mit einer gewissen Naivität offensichtlich von sozialen Konflikten abstrahiert und den Fortschritt lediglich in einem instrumentellen Sinn naturwissenschaftlicher Erkenntnis begreift, richtet er sein Augenmerk dennoch auf ein nicht-stabilisierendes Moment von Sozialisation, das zur Kritik befähigt und damit den Möglichkeitsraum zwischen funktionaler Erwartung und intentionaler Hoffnung eröffnet.

Sozialisationsprozesse werden geprägt durch eine Reihe von primären und sekundären Sozialisationsinstanzen wie Familie, Schule, *peer groups*, Medien usw. Grundlegend ist dabei aber zuerst das Individuum und seine soziale Interaktion. Insofern Sozialisation ein gesellschaftlicher Prozess ist, ist sie nichts Einseitiges, etwa dergestalt, dass eine Person bzw. Institution ein Individuum unilinear sozialisieren würde, sondern ist im Gegenteil wechselseitig und interaktiv, so dass alle am Sozialisationsprozess Beteiligten diesem auch selbst unterliegen. Auch wenn beispielsweise die dominante Rolle im Prozess der primären Sozialisation nicht beim Kind, sondern beim Erwachsenen liegt, gehen doch vom Kind auch Prägungs- und Normierungseffekte aus, die wiederum beim Erwachsenen Veränderungen im Sinne einer Sozialanpassung auslösen. Insofern Erziehung etwas funktional Steuerbares, aber intentional nicht Kalkulierbares ist, stellt der Sozialisationsprozess einen Vorgang dar, dessen Kausalität nicht in Form einer Wenn-dann-Logik prognostizierbar ist, weil die interagierenden Faktoren ebenso wie die sozialen Kontexte über Eigenlogiken verfügen, die vielleicht abschätzbar machen, *dass* sie eine Wirkung auf das Individuum haben, jedoch nicht, worin diese konkret besteht. Die unbewussten Effekte von Sozialisation und Erziehung können insofern von ihren bewussten Intentionen erheblich abweichen.

Der symbolische Interaktionismus hat die dem Prozess der wechselseitigen Angleichung zugrunde liegenden Motive betont, in dem sich die Subjekte allein durch ihre wechselseitige, subjektive Versicherung und Vergewisserung im Fortgang der Sozialisation konstituieren – und dabei ihr Selbst fortwährend modifizieren:

> »Bei der menschlichen Gruppe [...] gibt es [...] jene (Art der Kommunikation), in der die eine Geste setzende und somit etwas mitteilende Person die Haltung des anderen Individuums genauso einnimmt, wie sie sie beim anderen hervorruft. Sie befindet sich selbst in der Rolle der anderen Person, die sie auf diese Weise anregt und beeinflußt. Indem sie diese Rolle der anderen übernimmt, kann sie sich auf sich selbst besinnen und so ihren eigenen Kommunikationsprozeß lenken. Diese Übernahme der Rolle anderer [...] ist nicht nur zeitweilig von Bedeutung; sie ist nicht nur das zufällige Ergebnis der Geste, sondern für die Entwicklung der kooperativen Gesellschaft wichtig.« (Mead 1934: 300)

Mit dem Begriff von Horkheimer/Adorno (1947) könnte bei der von George H. Mead (vgl. Wenzel 1990) beschriebenen Interaktion auch von sozialer Mimesis gesprochen werden, einem gelingenden Anpassungsvorgang, der seinen sozialisatorischen Erfolg u.a. der Tatsache verdankt, dass er sich als Prozess vollzieht und insofern eine Rollenbildung zu keinem Zeitpunkt abgeschlossen ist. Die Interaktion selbst kennzeichnet die Sozialisation, die einen Prozess und keinen Zustand beschreibt und damit eine funktionale Determinante des Sozialen ist, weil sie nicht substanziell determinierbar ist.

Zugleich weist dies darauf hin, dass eine gelingende Sozialisation zu genau jener Interaktion und Kommunikation befähigt (allerdings im Falle des Nichtgelingens auch zu sozialer Desintegration führen kann), zum Einschluss, aber eben auch zum Ausschluss aus sozial-kulturellen Kontexten. Damit prädisponiert Sozialisation für eine »Positionierung im sozialen Raum« (Koller 2008: 148), worauf Pierre Bourdieu (vgl. Barlösius 2011; Schwingel 2011) aufmerksam gemacht hat. Der Ein- wie der Ausschluss in eine bzw. aus einer Gesellschaft hat seinen Ursprung in habituellen Formierungen, oft auch nur in Nuancen, die aber innerhalb einer In-Group deutlich wahrnehmbar sind, Unterschieden zwischen sozialen Gruppen, die sich nach Alter, Geschlecht, Klasse oder Schicht unterscheiden. Ebenso wie klassen- und schichtspezifische Faktoren Einfluss auf objektive gesellschaftliche Fragen wie (Aus-)Bildungsmöglichkeiten und deren Finanzierungs nehmen, spielen sie auch hinsichtlich des »Sozialkapitals« (Bourdieu) eine wesentliche Rolle: als informelle Einflussfaktoren, die sich im Habitus niederschlagen, der zwar individualisiert, aber eben keineswegs individuell ist, sondern die Spuren gesellschaftlicher Segmentierung trägt:

> »Das Sozialkapital ist die Gesamtheit der aktuellen und potentiellen Ressourcen, die mit dem Besitz eines dauerhaften Netzes von mehr oder weniger institutionalisierten *Beziehungen* gegenseitigen Kennens oder Anerkennens verbunden sind; oder, anders ausgedrückt, es handelt sich dabei um Ressourcen, die auf der *Zugehörigkeit zu einer Gruppe* beruhen.« (Bourdieu 1997: 63)

Wesentlich mit Blick auf die Determinanten des Sozialisationsprozesses ist, neben den genannten sozialkulturellen Faktoren, ihre in essentialistischen Positionen vorgenommene Unterstellung als biologisch determiniert (vgl. Nestvogel 2004: 154). Im Unterschied zu der deskriptiven Annahme, nach der es einen Konnex zwischen erster und zweiter Natur des Menschen, also zwischen biologischer und sozialkultureller Natur gibt, in dem jedoch biologische Faktoren in keiner Weise soziale Faktizitäten schaffen, sondern andersherum lediglich retrospektiv soziale Figurationen als biologisch interpretiert und in normativer Absicht naturalisiert werden, um so sozial generierte und damit prinzipiell revidierbare Wirklichkeit zu einer scheinbar irreversiblen Wahrheit zu verklären, wird hier auf eine wesensgebundene Natur des Menschen abgestellt. In dieser essentialistischen Annahme wird die Natur des Menschen nicht als eine identische Grundlage aller Menschen gesehen (im Sinne der Körperlichkeit jedes Menschen und damit einer anthropologischen Grundierung aller sozialen Realität als natürliche, aber eben universalistische Einheit aller Menschen als Gattung), sondern auf biologische Differenzen innerhalb der Gattung Mensch abgehoben – etwa zwischen Kulturen, Ethnien oder Geschlechtern. Die sozialen Folgen einer solchen Naturalisierung werden innerhalb der sozialwissenschaftlichen Debatte insbesondere von der Geschlechterforschung problematisiert und aus feministischer Perspektive kritisiert: »Im Rahmen des hierarchischen Geschlechterverhältnisses wird nur die kulturelle Leistung des Mannes als solche gewürdigt; was Frauen tun, denken und empfinden, ist lediglich Ausdruck ihrer ›Natur‹. Die Abwertung der Frau wird gestützt durch die private Form der Herrschaftsverhältnisse, denen sie in ihrem Lebenszusammenhang unterworfen ist, die als irrelevant für gesellschaftliche Entwicklungen gelten.« (Scheich 1989: 141)

Elvira Scheich beschreibt hier einen Prozess der doppelten Marginalisierung, der einerseits in der Zuschreibung der Sphäre des Privaten an Frauen, andererseits in einer Naturalisierung von Weiblichkeit besteht. Dieser schließt Frauen sowohl von allgemeiner Anerkennung wie von aktiver Partizipation aus bzw. benachteiligt sie strukturell. Durch die Naturalisierungstendenz werden Entwicklungspotenziale, die als allgemein angenommen werden, in einem geschlechterhierarchischen Verständnis des Sozialen Frauen kategorial abgesprochen, und so werden sie letztlich zum »anderen Geschlecht« (Beauvoir 1949), zur Abweichung von der (männlichen) Norm, allein indem sie von der Normalformation gesellschaftlicher Sozialisations- als Integrationsprozesse ausgeschlossen werden.

Dies geschieht mit Blick auf den sozialisatorischen Normalverlauf in der modernen Gesellschaft bereits in Prozessen der Primärsozialisation, in der die tatsächlich natürliche Dimension (nur Frauen sind in der Lage, Kinder zu gebären) zu einer unmittelbaren sozialen Kodifizierung von Rollenbildern wird, die eine Identifizierung des Neugeborenen mit der Mutter nahelegt, wofür es – ab dem Zeitpunkt der Geburt – keine natürlichen, sondern ausschließlich soziale Gründe gibt. Die hegemoniale Organisation des Sozialisations- und Erziehungsprozesses in der bürgerlichen Gesellschaft, so die feministische Kritik, basiert aber bereits an dieser Stelle auf einer wechselseitigen In- und Exklusionsbeziehung: Während Männer zumeist von dem Entwicklungsprozess des Säuglings ausgeschlossen werden (oder sich selbst in Übernahme eines patriarchalen Rollenbildes ausschließen), sind Frauen umgekehrt dazu gezwungen (oder übernehmen dies selbst in Antizipation einer konservativen Mutterrolle), diese Entwicklungsphase des Neugeborenen und Säuglings primär zu gestalten. Dies führt sozial zu einer frühen Dominanz der Frau (als Mutter), die durch die gesellschaftliche Dominanz der Männer gebrochen wird:

»Weil sich alle Kinder zunächst mit der Mutter identifizieren, sind die Geschlechts- und Rollen-Identifikationen eines Mädchens Fortsetzungen ihrer ersten Identifikation und die eines Knaben nicht. [...] Um sich angemessen männlich zu fühlen, muß sich ein Knabe auf eine bestimmte Weise von anderen unterscheiden und differenzieren, das Mädchen nicht. Er muß sich als etwas Getrenntes definieren. [...] Wegen ihrer Unerfüllbarkeit werden Männlichkeit und die männliche Rolle von Knaben (und oft auch von Mädchen) phantasiert und idealisiert, während Weiblichkeit und die weibliche Rolle für das Mädchen nur allzu konkret sind.« (Chodorow 1978: 225f. u. 229)

Das Motiv der Identifizierung ist für eine psychoanalytisch informierte sozialwissenschaftliche Forschung zentral, weil mit ihm der soziologische Prozess der Mimesis, den Horkheimer/Adorno (1947) beschrieben haben, auf einen Begriff gebracht wird, der die Vermittlungsdimension zwischen Individuum und Gesellschaft im Prozess der Sozialisation betrifft: die Frage nach den Gründen, aus denen heraus nicht nur ein aktives Interesse einer sozialen oder politischen Ordnung besteht, die ihr angehörenden Individuen nach ihren Wert- und Normvorstellungen zu erziehen, also den Menschen so zu entwickeln, »wie ihn die Gesellschaft haben will« (Durkheim 1973: 44), sondern andersherum eben auch nach dem Interesse des Individuums, aus dem heraus dieses selbst ein Bedürfnis nach sozialer Integration hat. Die Identifizierung bildet dabei die terminologische Klammer zwischen biologischen und sozialen Dimensionen der Sozialisation, deren natürliches Motiv im grundsätzlichen Bedürfnis nach Identifizierung besteht, deren funktionale oder strukturelle Ausdifferenzierung aber sozial konfiguriert ist.

Das *Framing* jedes Sozialisationsprozesses ist mit Blick auf informelle Vorgaben die Gesellschaft, mit Blick auf formelle Vorgaben der Staat, der aus geschlechtertheoretischer Perspektive allerdings keine neutrale Instanz ist, sondern den geschlechterpolitischen *bias* mit der Sozialisation lediglich verdoppelt, da er selbst auf einer männlichen Dominanz basiert:

> »Alle staatlichen Angelegenheiten sind seit jeher – grundsätzlich aber mit dem modernen Nationalstaat – von Männern dominiert. Die klassisch-liberalen Anstrengungen ließen zwar im Gefolge des antifeudalen Kampfes Individuen zu Rechtssubjekten werden, aber nur Männer konnten Individuen, also Rechts- und Staatsbürger sein. [...] Das staatliche Gewaltmonopol institutionalisierte das Zusammenspiel von ›häuslichem Frieden‹ und ›innerstaatlichem sozialem Frieden‹ auf Kosten der Frauen. [...] Der Staat war und ist keine geschlechtsneutrale Instanz.« (Kreisky 1995: 85 u. 87)

Eva Kreisky (vgl. Falter u.a. 2009) spricht hier sowohl die empirische wie die konzeptionelle Dimension an: Faktisch werden Staaten in ihrer überwältigenden Mehrheit von Männern dominiert, auf der konzeptionellen Ebene stellt die vertragstheoretische Differenzierung seit der Aufklärung und mit dem liberalen Paradigma eine Trennung von Privatheit und Öffentlichkeit vor, die neben dem Gesellschaftsvertrag auch einen Geschlechtervertrag institutionalisiert hat, der das Öffentliche männlich und das Private weiblich konzeptionalisiert bzw. das Modell liberaler Öffentlichkeit nur durch private Reproduktion gewährleistet, die von Frauen vollzogen wird. Der Sozialisationsprozess reproduziert damit diese gesellschaftliche Struktur fortlaufend – wie er paradoxerweise zugleich die einzige nachhaltige Möglichkeit darstellt, punktuell wie generell die konkrete Herrschaftsordnung moderner Staaten zu revidieren.

12. Religion und Kultur

Die Entstehung der Sozialwissenschaften ist Ergebnis und Ausdruck einer von Aufklärung und naturwissenschaftlicher Wende in der Erkenntnistheorie inspirierten Hinterfragung der Bedeutung von religiösen Deutungsmustern. Denn die Erkenntnisperspektive des Sozialen erforderte unausweichlich eine Infragestellung jedes höheren Ordnungsprinzips, das die Entscheidungs- und Handlungsfreiheit des Menschen *als Subjekt* kategorial einschränkt. Ohne das cartesianische Subjekt, ohne die Überzeugung, dass soziales und politisches Handeln *allein* durch die an der Interaktion beteiligten Individuen vollzogen wird, verbliebe jede weitere Diskussion über Revisionen von Macht- und Herrschaftsordnungen grundsätzlich auf der Ebene des Hypothetischen. Deshalb betonte ja auch schon Karl Marx (1988: 378), dass die Kritik der Religion die Voraussetzung aller Kritik sei. Erst wenn sich der wie ein Opiat wirkende, über das Bewusstsein gelegte Schleier lichte, erst wenn die Vernebelung des Geistes durch den Glauben an Mystisches, Übermenschliches und damit den menschlichen Objektcharakter aufgegeben werde, erst dann könne von einer tatsächlichen Kritik- und Handlungsfähigkeit ausgegangen werden:

»Die Religion ist der Seufzer der bedrängten Kreatur, das Gemüt einer herzlosen Welt, wie sie der Geist geistloser Zustände ist. Sie ist das *Opium* des Volkes.

Die Aufhebung der Religion als des *illusorischen* Glücks des Volkes ist die Forderung seines *wirklichen* Glücks. Die Forderung, die Illusionen über einen Zustand aufzugeben, ist die *Forderung, einen Zustand aufzugeben, der der Illusionen bedarf.* Die Kritik der Religion ist also im *Keim* die *Kritik des Jammertales*, dessen *Heiligenschein* die Religion ist. [...]

Die Religion ist nur die illusorische Sonne, die sich um den Menschen bewegt, solange er sich nicht um sich selbst bewegt.« (Marx 1844: 378 f.; Herv. i. Orig.)

Marx thematisierte den ambivalenten Charakter von Religion – als Opium des Volkes, womit er gleichermaßen die instrumentelle wie die antiemanzipative Dimension betonte, für die die Verantwortung eben nicht nur bei den Herrschenden zu suchen sei, sondern auch bei den Beherrschten, die Marx als mitverantwortlich für ihr eigenes Schicksal galten. Nun lag in seinem religionskritischen Postulat aber auch bereits historisch nur die halbe Wahrheit – denn so notwendig eine Kritik der Religion im Sinne gesellschaftlicher Emanzipation auch sein mag, so sehr übersieht sie, dass mit ihr der Glaube nicht aus der Welt geschafft wurde, den durch Zweifel zu ersetzen sich emanzipative Bewegungen stets aufs Neue vorgenommen hatten. Vielmehr wurde der Glaube an Gott durch einen Glauben an Natur und Technik abgelöst, der allenthalben natürliche Kräfte wirken sieht, wo faktisch gesellschaftliche und kulturelle dominieren. Dieser Aberglaube an die Natur hat ideengeschichtlich auch eine menschliche Fantasie bestärkt, die zumindest die monothetischen Religionen stets etwas minimiert hatten: den Wunsch nach menschlicher Allmacht, nach vollständiger Natur- und Technikbeherrschung, nach Kontrolle von Leben und Sterben, nach Überwachung von Abweichung, nach narzisstisch ungezügelter Größe und Stärke. Die Kehrseite der sozialwissenschaftlichen Infragestellung von Religion war somit ein neuer Glaube: der an Natur und Technik. Mit Blick auf die Religion wechselten die Sozialwissenschaften stets zwischen einer geisteswissenschaftlichen und einer naturwissenschaftlichen Perspektive, in denen jeweils eine Dimension des Glaubens erhalten ist – im einen Fall als Glaube an einen Gott, im anderen Fall als Glaube an Natur und Technik. Diese Ambivalenz, die in den Prozess der Aufklärung ideen- wie realhistorisch eingeschrieben ist, haben Horkheimer/Adorno (1947) auch als »Dialektik der Aufklärung« beschrieben.

Marx war der Überzeugung, dass Religion und Metaphysik einem gesellschaftlich-kulturellen Überbau angehören und aufgrund mangelnder Reflexionsprozesse (in sozialer Dimension: mangelnden Klassenbewusstseins) als notwendige Folge der ökonomischen Basis der kapitalistischen Produktionsverhältnisse entstehen mussten, weil sie einerseits die Funktion der Verschleierung tatsächlicher Abhängigkeits- und Ausbeutungsverhältnisse erfüllten, andererseits aber für die Fortexistenz des Kapitalismus elementare Bedeutung hatten, indem sie die ideellen Reproduktionsbedingungen strukturierten und organisierten. Damit lag für Marx der Schlüssel für die Überflüssigmachung der Religion auch in der Überwindung der sie generierenden Eigentumsordnung des Kapitalismus.

Entgegengesetzter Auffassung war Max Weber (vgl. Heins 2010; Müller 2007), der die Beziehung zwischen Religion und Ökonomie gerade andersherum deutete. Für Weber war es nämlich eine geistesgeschichtliche Entwicklung, die Herausbildung einer »protestantischen Ethik«, die den »Geist« des Kapitalismus prägen und diesen als ökonomische Ordnung überhaupt erst ermöglichen sollte. Die christliche Religion respektive der Protestantismus waren für Weber die notwendige Voraussetzung, um kapitalistische Produktionsverhältnisse nicht nur zu ermöglichen, sondern die in ihnen kulturell bedeutsamen Wert- und Normvorstellungen in den Individuen zu verankern:

> »Einer der konstitutiven Bestandteile des modernen kapitalistischen Geistes, und nicht nur dieses, sondern der modernen Kultur: die rationale Lebensführung auf Grundlage der *Berufsidee*, ist [...] geboren aus dem Geist der christlichen Askese. [...] Denn indem die Askese aus den Mönchszellen heraus in das Berufsleben übertragen wurde und die innerweltliche Sittlichkeit zu beherrschen begann, half sie an ihrem Teile mit daran, jenen mächtigen Kosmos der modernen, an die technischen und ökonomischen Voraussetzungen mechanisch-maschineller Produktion gebundenen, Wirtschaftsordnung erbauen, der heute den Lebensstil aller einzelnen, die in dies Triebwerk hineingeboren werden [...], mit überwältigendem Zwange bestimmt und vielleicht bestimmen wird, bis der letzte Zentner fossilen Brennstoffs verglüht ist.« (Weber 1920: 200f.)

Zu Recht sind Marx und Weber in der sozialwissenschaftlichen Diskussion stets als Antipoden interpretiert worden, da die Beziehung, die sie zwischen Religion und Ökonomie annehmen, gegensätzlich, ja antagonistisch ist. Sieht man aber von der Kausalität hinsichtlich der Frage, was was bedingt und in welcher Weise das eine von dem anderen ursächlich abhängig ist, ab, so liegt in beiden Perspektiven eine deskriptive Erkenntnis, die mit Blick auf die strukturellen Reproduktionsbedingungen zwischen (christlicher) Religion und (kapitalistischer) Ökonomie auf eine interaktive Beziehung verweist. Materielle und ideelle Vergesellschaftungsformen müssen miteinander harmonieren, um eine Stabilität sozialer bzw. politischer Ordnungen her- und auf Dauer zu stellen.

Die damit formulierte funktionale Perspektive, die den Paradigmenstreit zwischen Marx und Weber um eine dynamische Dimension zu erweitern hilft, stellt ein weniger emphatisches Modell von Religion dar – denn sowohl bei Marx wie bei Weber ist jeweils eine gehörige Emphase Teil des Arguments und befördert bei Marx eine atheistische Position, während der Protestant Weber seinen eigenen religiösen Standort in die sozialwissenschaftliche Argumentation einfließen lässt, indem er der christlichen Religion einen positiven Charakter zuspricht.

Eine stärker auf die historisch-empirische wie die funktionale Dimension bezogene Argumentation bezüglich der sozialen Bedeutung von Religion haben Émile Durkheim und Sigmund Freud entwickelt. Durkheim (vgl. Lukes 1990) verdeutlicht den sozialhistorischen Kontext, der für die Entstehung von religiösen Überzeugungen ausschlaggebend war. Sein Fokus richtet sich auf den Zusammenhang von soziokulturellem Handeln und dem durch dieses motivierte Potenzial für eine Revision bisheriger Weltbilder, die mit Blick auf die Religion ganz wesentlich durch eine leidenschaftliche und gewaltförmige Dimension sozialen Handelns dominiert sind. Durkheim kontextualisiert damit die Frage, wann und warum religiöse Überzeugungen generell bedeutsam werden, historisch und rückt die Bedürftigkeit der Individuen in den Blickpunkt, mit der jenseits einer teleologischen Vorstellung erklärbar ist, warum Menschen historisch auf die Idee gekommen sind, Religionen zu erfinden, und warum es sich dabei überdies nicht einfach um etwas rein Ausgedachtes handelt, sondern um das Ergebnis sozialer Konfliktkonstellationen, in denen »profane« mit »heiligen« Dingen (vgl. Durkheim 1981: 293) in Konflikt geraten bzw. sich entsprechend verwandeln:

»Es gibt historische Perioden, in denen die sozialen Interaktionen unter dem Einfluß großer kollektiver Erschütterungen häufiger und aktiver werden. Die Individuen streben zueinander und sammeln sich mehr als jemals. Daraus entsteht eine allgemeine Gärung, die für revolutionäre und schöpferische Epochen kennzeichnend ist. Aus dieser Überaktivität folgt eine allgemeine Stimulation individueller Kräfte. Man lebt mehr und anders als in normalen Zeiten. Die Veränderungen sind nicht mehr nur Gradunterschiede; der Mensch wird anders. Die Leidenschaften, die ihn erschüttern, sind derart heftig, daß ihnen nur mit gewalttätigen und unmäßigen Handlungen Genüge getan werden kann: mit Heldentaten oder blutrünstiger Barbarei.« (Durkheim 1981: 290)

Durkheim betont hier den funktionalen Charakter der Religion in ihrem sozialkulturellen, historischen Kontext. Dieser sozialhistorische Rahmen eines »gärenden sozialen Milieus«, aus dem Durkheim (1981: 301) zufolge die »religiöse Idee geboren worden zu sein« scheint, erklärt jedoch nicht, welcher psychische Vorgang dafür ausschlaggebend ist, dass ein Individuum sich mit bestimmten religiösen Vorstellungen identifiziert – und eben nicht mit anderen. Insofern entwickelt Durkheim ein Verständnis davon, warum Religionen als systematische Weltdeutungsmuster entstanden sind (und auch immer wieder entstehen bzw. sich modifizieren), allerdings nicht, worin die Bedürfnisse des Individuums bestehen, sich einem derart allumfassenden und im Selbstanspruch widerspruchsfreien, weil das Subjekt nivellierenden Konzept zu unterwerfen. Und dies mit aller Konsequenz, positiv wie negativ: Dafür, dass das Subjekt sich dem Weltdeutungsmonopol der Religion und damit einer es zum Objekt machenden Instanz unterordnet, erhält es zugleich ein Heilsversprechen, das ihm seine größte Angst zu nehmen verspricht: die vor dem Tod – und damit der Endlichkeit des Subjektcharakters, der in der Hoffnung auf eine über das Leben hinausweisende Dauer durch das religiöse Bekenntnis quasi präventiv aufgegeben wird. Insofern geht es bei der Frage, warum man glaubt, um die Beziehung von Individuum und Gesellschaft und damit die Macht von Religion, die diese auf das Individuum auszuüben in der Lage ist:

»Ihre Technik besteht darin, den Wert des Lebens herabzudrücken und das Bild der realen Welt wahnhaft zu entstellen, was die Einschüchterung der Intelligenz zur Voraussetzung hat. Um diesen Preis, durch gewaltsame Fixierung eines psychischen Infantilismus und Einbeziehung in einen Massenwahn gelingt es der Religion, vielen Menschen die individuelle Neurose zu ersparen. [...] Wenn der Gläubige sich endlich genötigt findet, von Gottes ›unerforschlichem Ratschluß‹ zu reden, so gesteht er damit ein, daß ihm als letzte Trostmöglichkeit und Lustquelle im Leiden nur noch die bedingungslose Unterwerfung übriggeblieben ist.« (Freud 1930: 443f.)

Freud (vgl. Gay 2006; Lohmann 1999) thematisiert neben der religionspsychologischen die sozialpsychologische Dimension der Religion, wenn er das psychische Verhältnis des Glaubens zur Neurose anspricht. Die, mit Fromm (1941) gesprochen, aus Angst vollzogene Flucht vor der Zumutung der Freiheit, die als vollständige Freiheit nicht nur eine von Zwang, sondern eben auch von (materieller und ideeller) Sicherheit ist, und die Zuflucht bei der Religion ermöglichen es dem Individuum laut Freud, eigene seelische Konflikte und Kränkungen nicht individuell ertragen zu müssen, sondern auf einer kollektiven Ebene ausagieren zu können, ohne dabei als verrückt zu gelten. Die rituellen Praktiken, die die Religionen vollziehen, würden – als individuelle Handlungen – Befremden auslösen: vom Rosenkranz-Beten über das Reinwaschen im Fluss Ganges bis hin zur Pilgerfahrt nach Mekka. Handelte es sich jeweils um eine privat vollzogene Handlung, würden die Menschen, die sie praktizieren, als zumindest sonderbar, nicht selten aber auch als verrückt gelten – weil ihre Handlung auf keinen allgemeinen Sinn jenseits des Rituellen verweist. Aber indem die religiösen Rituale nicht nur von einem Menschen, sondern von größeren (Glaubens-)Gruppen praktiziert werden, wirken sie nicht wie neurotische Zwangshandlungen, sondern erscheinen als normal. Die Suspendierung des Intellekts, also der Verzicht auf die Einsicht, dass die eigenen religiösen Praktiken für sich genommen und ohne den Kontext des Kollektivs als verrückt gelten könnten, ist für Freud die wesentliche Voraussetzung für die Wirksamkeit von und zugleich die zentrale sozialpsychologische Funktion von Religion, die ihm als eine sozial akzeptierte Variante der Herstellung einer »hygiène personelle« (Grunberger/Dessuant 1997: 299) mit dem Wunsch nach sozialpsychologischer Konfliktfreiheit gilt. Das zentrale Moment, für das die Philosophie der Aufklärung die menschliche Subordination unter religiöse respektive christliche Ordnungsvorstellungen kritisiert und die erkenntnistheoretische Emanzipation von dieser zur Voraussetzung für soziale und politische Emanzipation als solcher erklärt hatte, bildet auch für Freud das Zentrum von Religion: die Unterwerfung des Individuums und damit die Suspendierung seiner Eigenschaft als Subjekt.

Religionen haben stets einen Kontext, wie Durkheim gezeigt hat. Dieser Kontext ist bezüglich ihrer Entstehung immer sozialhistorischer Natur, zugleich beziehen sich Religionen aber auch auf spezifische kulturelle Kontexte, in denen sie hinsichtlich ihres welterklärenden Einflusses mehr oder auch weniger wirksam sein können (vgl. Pickel 2011). In christlich oder jüdisch geprägten Gesellschaften etwa ist der monopolisierte Deutungsanspruch von Religionen deutlich geringer ausgeprägt als etwa in islamisch geprägten Gesellschaften, denen in der Breite nicht nur die nachhaltige politische Konfrontation mit einer Aufklärungsbewegung bis heute fehlt, sondern in denen daraus resultierend auch die Verwebung von politischem Herrschaftsverband und religiösen Instanzen ausgeprägter, wenn nicht sogar identisch ist. Der Grund hierfür ist die Kultur im Allgemeinen und die politische Kultur im Besonderen: »Unter Kultur versteht man – ganz allgemein – die erlernten oder sonstwie angeeigneten, über Nachahmung und Unterweisung tradierten, strukturierten und regelmäßigen, sozial verbreiteten und geteilten Gewohnheiten, Lebensweisen, Regeln, Symbolisierungen, Wert- und Wissensbestände der Akteure eines Kollektivs, einschließlich der Arten des Denkens, Empfindens und Handelns.« (Esser 2001: IX)

Hartmut Essers Begriffsannäherung ist definitorisch formuliert und lässt insofern konsequent die historischen Entwicklungen wie die sozialen Widersprüche, die in die Auseinandersetzung und den Begriff der Kultur eingeschrieben sind, außer Acht. Gleichwohl zeigt sie, dass der sozialwissenschaftliche Kulturbegriff den kontextuellen Rahmen beschreibt, in dem Gemeinsamkeiten wie Differenzen zwischen sozialen Gruppen innerhalb einer Gesellschaft wie zwischen Gesellschaften erfassbar werden. Überdies liegt in Essers Definition der Hinweis, dass der Begriff der Kultur sozialwissenschaftlich ein zunächst wertneutraler ist, d.h., im Unterschied zum umgangssprachlichen Gebrauch ist es dem sozialwissenschaftlichen Begriff eigen, keine wertende Implikation im Sinne sozialer Distinktion oder eines ontologischen Anspruchs zu enthalten (wie z.B. das umgangssprachliche »Jemand hat keine Kultur« oder »... damit verfällt die Kultur«).

In Anlehnung an und Erweiterung von Anton Pelinka (2006), Martin und Sylvia Greiffenhagen (1997) und Karl Rohe (1990, 1996) kann *politische* Kultur als das Ensemble der für eine Gesellschaft relevanten emotionalen und kognitiven Haltungen und der daraus resultierenden Formen stabilisierten Verhaltens verstanden werden, die sich jeweils im Spannungsfeld von politischer Norm und gesellschaftlicher Wirklichkeit bewegen – und das öffentliche Reden und Handeln der Angehörigen der jeweiligen politischen Kultur »konditionieren« (Rohe 1996: 1). Politische Kulturen setzen sich zusammen aus längerfristigen, historisch formierten Elementen, stabilen Vorstellungen in Form von weltanschaulichen Konzepten und kurzfristig entwickelten, in deutlich höherem Maße wandelbaren Einstellungen. In diesen drei Dimensionen verknüpfen sich jeweils kognitive mit emotionalen Elementen, auf deren manifesten historischen Kern sich eine normative Weltanschauung gründet, die wiederum in konkreten Situationen unterschiedliche Einstellungen zur Folge haben kann, welche Ausdruck einer (be-)wertenden Haltung zur politischen Ordnung sind. Die Varianz der Einstellungsoptionen ist prädominiert von ihren historischen und normativen Grundlagen konstitutioneller, geistesgeschichtlicher, erkenntnistheoretischer und ethischer Provenienz (vgl. Hempfer/Schwan 1987; Schuppert 2008; Westle/Gabriel 2009). Kontinuierliche Veränderungen von Einstellungen verweisen insofern zugleich auf tiefer liegende Wandlungsprozesse auf weltanschaulicher Ebene, in denen sich wiederum die Wahrnehmung der Bedeutung historischer Referenzgrößen verändert, wobei sich Einstellungen deutlich schneller ändern als die ihnen zugrunde liegenden Vorstellungen. Die Veränderung dieser Grundüberzeugungen bedarf in aller Regel eines intergenerationellen Moments.

Vor diesem Hintergrund hat Craig L. Carr (2007) argumentiert, dass das Konzept der politischen Kultur die Möglichkeit bietet, soziale und politische Grenzziehungen als konstruiert und damit reversibel kenntlich zu machen, was auf einen weiteren Strang der sozialwissenschaftlichen Kulturverständnisse verweist, der den Aspekt der durch den Kulturbegriff vollzogenen Abgrenzung betont. Denn im Unterschied zur Verwendung des Begriffs der politischen Kultur liegt im Kulturbegriff als solchem aus sozialwissenschaftlicher Perspektive auch eine schließende und damit abgrenzende Perspektive, die gerade nicht auf Interaktion, sondern auf Homogenität zielt. Besonders Norbert Elias (1939) hat den Kulturbegriff in diesem Sinn kritisiert und in einer wissenssoziologischen Perspektive rekonstruiert – als Gegenbegriff zum auf Offenheit und Universalismus zielenden Begriff der Zivilisation:

»›Zivilisation‹ bezeichnet einen Prozeß oder mindestens das Resultat eines Prozesses. Es bezieht sich auf etwas, das ständig in Bewegung ist, das ständig ›vorwärts‹ geht. Der deutsche Begriff ›Kultur‹ [...] hat eine andere Bewegungsrichtung: er bezieht sich auf Produkte des Menschen, die da sind, wie ›Blüten auf den Feldern‹, auf Kunstwerke, Bücher, religiöse oder philosophische Systeme, in denen die Eigenart eines Volkes zum Ausdruck kommt. Der Begriff ›Kultur‹ grenzt ab. Der Zivilisationsbegriff läßt die nationalen Differenzen zwischen den Völkern bis zu einem gewissen Grade zurücktreten; er akzentuiert, was allen Menschen gemeinsam ist, oder – für das Gefühl seiner Träger – sein sollte.« (Elias 1939: 91f. [Bd. 1])

Elias weist auf eine dichotomische Beziehung zwischen Kultur- und Zivilisationsbegriff hin, die sich auch darin niederschlägt, dass dem deutschen Begriff der Kultur kein Äquivalent im englischen oder französischen Sprachraum entspricht (das englische *culture* oder das französische *culture* erfassen vielmehr die Bedeutungsdimensionen, die im deutschen Sprachraum mit dem Wort Kunst beschrieben werden) und der Begriff Kultur insofern eine Äquidistanz herstellt, bei der es nicht um das universalistisch Verbindende und Einende aller Menschen geht, sondern um die Betonung von Differenz und Abgrenzung zwischen den Kulturen.

Aufgrund dieser abgrenzenden und exkludierenden Dimension des Kulturverständnisses wurde vor allem in einer postkolonialen Perspektive eine generalisierte Kritik formuliert, die auf das identitäre und damit identitätsstiftende Moment abhebt, das einerseits auf eine soziale Konstruktion im Kulturbegriff verweist, andererseits aber die Wechselseitigkeit und Abhängigkeit von kulturellen Identitätsvorstellungen betont, da – im Begriff von Stuart Hall (1994: 45) – Identität immer durch das »Nadelöhr des Anderen« hindurch müsse. Die antiessentialistische Wendung des Kulturbegriffs, die vor allem Homi Bhabha (2000) formuliert hat, resultiert in der Annahme von Hybridität als generelle Infragestellung des sozialen Realitätsgehaltes von kultureller Identität:

> »Wenn wir das Kulturelle nicht als die *Quelle* des Konflikts – im Sinne *differenter* Kulturen –, sondern als *Ergebnis* diskriminatorischer Praktiken – im Sinne einer Produktion kultureller Differenzierung als Zeichen von Autorität – auffassen, verändern sich sein Stellenwert und seine Erkenntnisregeln. Hybridität interveniert in die Ausübung von Autorität, nicht nur, um aufzuzeigen, daß deren Identität eine Unmöglichkeit ist, sondern auch als Repräsentantin ihrer nicht mehr vorhersehbaren Präsenz.« (Bhabha 2000: 169)

Bhabha fasste Hybridität als den Namen für die »strategische Umkehrung des Prozesses der Beherrschung durch Verleugnung (das heißt der Produktion diskriminatorischer Identitäten, durch die die ›reine‹ und ursprüngliche Identität der Autorität sichergestellt wird)« (ebd.: 165). Dies bedeutet die Abkehr von einer Weltsicht, die auf »binären Begriffen« beruhe, wobei als hybrid derjenige Ort begriffen wird, an dem »die Konstruktion eines politischen Objekts, das neu, weder das eine noch das andere ist, unsere politischen Erwartungen dementsprechend entfremdet und notgedrungen unsere bisherigen Formen der Erkenntnis des politischen Moments verändert« (ebd.: 22 u. 38).

Fraglich mit Blick auf die Entgegensetzung von Zivilisations- und Kulturbegriff, wie sie von Elias infolge einer historischen Rekonstruktion vorgenommen wurde, ist, dass in dem Gedanken ein gewisser Fortschrittsoptimismus mitschwingt, nach dem sich »Zivilisationsprozesse« letztlich gegenüber Kulturalisierungsprozessen durchsetzen. Dies ist zwar aus normativer Perspektive durchaus zu hoffen, ignoriert aber die historische Faktizität, weil durch den »Zivilisationsbruch« Auschwitz (Diner 1988) jedem utopischen und optimistischen Denken kategorial die Grundlage entzogen wurde. Dies heißt nicht, dass es keine Utopien und keinen Fortschrittsoptimismus mehr geben könne, nur ist ihr Bezug zum Realismus aufgehoben. Insofern wohnt gerade mit

Blick auf essentialistische Kulturalisierungen, deren folgerichtige wie barbarische Konsequenz die völkischen und antisemitischen Vorstellungen des Nationalsozialismus waren (vgl. Salzborn 2005: 73 ff.), gerade dem Prozess der Aufklärung ein dialektisches Potenzial inne, das auch die Sozialwissenschaften dazu anhält, sich ihrer labilen Grundlagen zu erinnern und sie stets neu zu reflektieren.

Anhang

Anmerkungen

1 Die Zahl der sozialwissenschaftlichen Universitätsprofessuren wuchs bis in die frühen 1970er Jahre langsam, aber stetig auf etwas mehr als fünfzig (was in den 1950er und 1960er Jahren etwas mehr als einem Prozent aller Universitätsprofessuren entsprach), erst Ende der 1970er Jahre erreichte sie mit rund 630 eine in Relation zu den anderen Fächern überhaupt ansatzweise nennenswerte Größenordnung – allerdings nur in absoluten Zahlen, denn relativ entsprach das trotzdem nur etwas mehr als zwei Prozent aller Universitätsprofessuren. Vgl. Statistisches Bundesamt 1966, 1975, 1982.

2 Habermas (1965: 1146) hat statt des Begriffs der normativ-ontologischen Metatheorie den der historisch-hermeneutischen Wissenschaften verwendet, der jedoch angesichts der sozialwissenschaftlichen Folgedebatten und damit der begrifflichen Eindeutigkeit hier nicht übernommen wird. Vgl. zur Diskussion Dallmayr 1974.

3 Einen sehr lesenswerten Überblick über die systematischen Theorieansätze der Humanwissenschaften (womit Sozial- und Geisteswissenschaften gemeint sind) bietet Hörisch 2010.

Literatur

Abels, Heinz (2007): Interaktion, Identität, Präsentation. Kleine Einführung in interpretative Theorien der Soziologie, 4. Aufl., Wiesbaden.

Adorno, Theodor W. (1951): Minima Moralia. Reflexionen aus dem beschädigten Leben, in: ders.: Gesammelte Schriften Bd. 4, Frankfurt/M. 1997.

Adorno, Theodor W. (1961): Zur Logik der Sozialwissenschaften, in: Adorno u.a. (1969), S. 125-143.

Adorno, Theodor W. (1966): Negative Dialektik, in: ders.: Gesammelte Schriften Bd. 6, Frankfurt/M. 1997.

Adorno, Theodor W. (1969): Ästhetische Theorie, in: ders.: Gesammelte Schriften Bd. 7, Frankfurt/M. 1997.

Adorno, Theodor W./Ralf Dahrendorf/Harald Pilot/Hans Albert/Jürgen Habermas/Karl R. Popper (1969): Der Positivismusstreit in der deutschen Soziologie, Darmstadt/Neuwied.

Albert, Gert (2010): Der Werturteilsstreit, in: Georg Kneer/Stephan Moebius (Hg.): Soziologische Kontroversen. Beiträge zu einer anderen Geschichte der Wissenschaft vom Sozialen, Frankfurt/M., S. 14-45.

Albert, Hans (2000): Kritischer Rationalismus, Tübingen.

Albert, Hans/Ernst Topitsch (Hg.) (1971): Werturteilsstreit, Darmstadt.

Anderson, Benedict (1996): Die Erfindung der Nation. Zur Karriere eines folgenreichen Konzepts (engl. EA 1983 u.d.T. »Imagined Communities. Reflections on the Origin and Spread of Nationalism«), erw. Neuaufl., Frankfurt/M./New York.

Anter, Andreas (Hg.) (2004): Die normative Kraft des Faktischen. Das Staatsverständnis Georg Jellineks, Baden-Baden.

Anter, Andreas (2012): Theorien der Macht zur Einführung, Hamburg.

Arendt, Hannah (2011): Macht und Gewalt (engl. EA 1970 u.d.T. On Violence), 20. Aufl., München.

Ashcroft, Bill/Gareth Griffiths/Helen Tiffin (Hg.) (1995): The Post-Colonial Studies Reader, London/New York.
Ashcroft, Bill/Ranjini Mendis/Julie McGonegal/Arun Mukherjee (Hg.) (2012): Literature for Our Times. Postcolonial Studies in der Twenty-First Century, Amsterdam/New York.
Austin, John L. (1962): How to do things with words, Cambridge.
Barlösius, Eva (2011): Pierre Bourdieu, 2. Aufl., Frankfurt.
Beauvoir, Simone de (1949): Le Deuxième Sexe, Paris.
Becker, Ruth/Beate Kortendiek (Hg.) (2004): Handbuch Frauen- und Geschlechterforschung. Theorie, Methoden, Empirie, Wiesbaden.
Becker-Schmidt, Regina/Gudrun-Axeli Knapp (2007): Feministische Theorien zur Einführung, 4., überarb. Aufl., Hamburg.
Behnke, Joachim/Thomas Gschwend/Delia Schindler/Kai-Uwe Schnapp (2006): Methoden der Politikwissenschaft. Neuere qualitative und quantitative Analyseverfahren, Baden-Baden.
Behrens, Roger (2002): Kritische Theorie, Hamburg.
Benjamin, Walter (1963): Das Kunstwerk im Zeitalter seiner technischen Reproduzierbarkeit. Drei Studien zur Kunstsoziologie, Frankfurt.
Benjamin, Walter (1977): Über den Begriff der Geschichte, in: ders.: Illuminationen. Ausgewählte Schriften Bd. 1, Frankfurt/M..
Berghaus, Margot (2004): Luhmann leicht gemacht. Eine Einführung in die Systemtheorie, 2., überarb. und erg. Aufl., Köln.
Berg-Schlosser, Dirk (1972): Politische Kultur. Eine neue Dimension politikwissenschaftlicher Analyse, München.
Berg-Schlosser, Dirk (1994): Politische Kulturforschung, in: Dieter Nohlen (Hg.): Lexikon der Politik, Bd. 2: Politikwissenschaftliche Methoden, hrsg. von Jürgen Kriz, Dieter Nohlen und Rainer-Olaf Schultze, München, S. 345-352.
Best, Heinrich (1988): Historische Sozialforschung als Erweiterung der Soziologie. Die Konvergenz historischer und sozialwissenschaftlicher Erkenntniskonzepte, in: Kölner Zeitschrift für Soziologie und Sozialpsychologie, Heft 1, Jg. 40, S. 1-15.
Bhabha, Homi K. (2000): Die Verortung der Kultur (engl. EA 1994 u.d.T. »The location of culture«), Tübingen.
Bickel, Cornelius (1991): Ferdinand Tönnies. Soziologie als skeptische Aufklärung zwischen Historismus und Rationalismus, Opladen.

Bickmann, Claudia/Markus Wirtz (Hg.) (2011): Absolutheit und Kontingenz. Beiträge zum Universalismus/Relativismus-Problem, Nordhausen.

Bohnsack, Ralf (2003): Rekonstruktive Sozialforschung. Einführung in qualitative Methoden, 5. Aufl., Opladen.

Bohnsack, Ralf/Winfried Marotzki/Michael Meuser (Hg.) (2003): Hauptbegriffe Qualitativer Sozialforschung. Ein Wörterbuch, Opladen.

Bourdieu, Pierre (1994): Raison pratiques. Sur la théorie de l'action, Paris.

Bourdieu, Pierre (1997): Die verborgenen Mechanismen der Macht, Hamburg.

Bourdieu, Pierre/Loïc J. D. Wacquant (1996): Reflexive Anthropologie (frz. EA 1992 u.d.T. »Résponses pour une anthropologie réflexive«), Frankfurt.

Breier, Karl-Heinz (2011): Hannah Arendt zur Einführung, 4. Aufl., Hamburg.

Brügger, Niels /Orla Vigsø (2008): Strukturalismus für Einsteiger, Paderborn.

Busse, Gisela von (1928): Die Lehre vom Staat als Organismus. Kritische Untersuchungen zur Staatsphilosophie Adam Müllers, Berlin.

Butler, Judith (1990): Gender Trouble. Feminism and the Subversion of Identity, New York.

Butzer, Ralph J. (2002): Trieb, in: Wolfgang Mertens/Bruno Waldvogel (Hg.): Handbuch psychoanalytischer Grundbegriffe, 2., durchgeseh. Aufl., Stuttgart u.a., S. 737-742.

Caemmerer, Christiane/Eef Overgaauw/Jörg Jungmayr (Hg.) (2010): Flugblätter von der frühen Neuzeit bis zur Gegenwart als kulturhistorische Quellen und bibliothekarische Sondermaterialien, Frankfurt.

Carr, Craig L. (2007): Polity. Political Culture and the Nature of Politics, Lanham.

Carrier, Martin (2008): Wissenschaftstheorie zur Einführung, 2., überarb. Aufl., Hamburg.

Chodorow, Nancy (1994): Das Erbe der Mütter. Psychoanalyse und Soziologie der Geschlechter (engl. EA 1978 u.d.T. »The Reproducing of Mothering. Psychoanalysis and the Sociology of Gender«), 4. Aufl., München.

Clausen, Lars/Carsten Schlüter (Hg.) (1991): Hundert Jahre »Gemeinschaft und Gesellschaft«. Ferdinand Tönnies in der internationalen Diskussion, Opladen.

Cohen, H. Floris (1994): The Scientific Revolution. A Historiographical Inquiry, Chicago.

Cohen, Jean L. (2007): Demokratie, Menschenrechte und Souveränität im Zeitalter der Globalisierung neu denken, in: Zeitschrift für Menschenrechte, Heft 2, S. 39-68.

Coleman, James S. (1990): Foundations of social theory, Cambridge.

Cooper, Barry/Judith Glaesser/Roger Gomm/Martyn Hammersley (2012): Challenging the Qualitative-Quantitative Divide. Explorations in Case-focused Causal Analysis, London/New York.

Crombie, Alistair C. (1995): The History of Science. From Augustine to Galileo, New York.

Dahms, Hans-Joachim (1994): Positivismusstreit. Die Auseinandersetzungen der Frankfurter Schule mit dem logischen Positivismus, dem amerikanischen Pragmatismus und dem kritischen Rationalismus, Frankfurt.

Dahrendorf, Ralf (1961): Gesellschaft und Freiheit. Zur soziologischen Analyse der Gegenwart, München.

Dallmayr, Winfried (Hg.) (1997): Materialien zu Habermas' »Erkenntnis und Interesse«, Frankfurt.

Descartes, René (1641): Meditationen. Mit sämtlichen Einwänden und Erwiderungen (lat. EA u.d.T. »Meditationes de prima philosophia«), übers. und hrsg. von Christian Wohlers, Hamburg 2009.

Devereux, Georges (1967): Angst und Methode in den Verhaltenswissenschaften (engl. EA u.d.T. »From Anxiety to Method in the Behavioral Sciences«), München.

Diekmann, Andreas (2009): Empirische Sozialforschung. Grundlagen, Methoden, Anwendungen, überarb. u. erw. Neuausg., 20. Aufl., Reinbek.

Diner, Dan (Hg.) (1988): Zivilisationsbruch. Denken nach Auschwitz, Frankfurt.

Dosse, François (1996/97): Geschichte des Strukturalismus (2 Bde.), Hamburg.

Dubiel, Helmut (1999): Integration durch Konflikt?, in: Jürgen Friedrichs/Wolfgang Jagodzinski (Hg.): Soziale Integration, Sonderheft 39 der Kölner Zeitschrift für Soziologie und Sozialpsychologie, S. 132-143.

Durkheim, Émile (1897): Le suicide. Étude de sociologie, Paris.

Durkheim, Émile (1973): Erziehung, Moral, Gesellschaft. Vorlesung an der Sorbonne 1902/03 (frz. EA 1963 u.d.T. »L'Éducation morale. Nouvelle édition«), Neuwied/Darmstadt.

Durkheim, Émile (1981): Die elementaren Formen des religiösen Lebens (frz. EA 1912 u.d.T. »Les formes élémentaire de la vie religieuse«), Frankfurt.

Duve, Thomas (2008): Sonderrecht in der Frühen Neuzeit. Studien zum ius singulare und den privilegia miserabilium personarum, senum und indorum in Alter und Neuer Welt, Frankfurt.

Elias, Norbert (1939): Über den Prozess der Zivilisation. Soziogenetische und psychogenetische Untersuchungen (2 Bände), 22., neu durchgeseh. u. erw. Aufl., Frankfurt 1998.

Erdheim, Mario (1988): Die gesellschaftliche Produktion von Unbewußtheit. Eine Einführung in den ethnopsychoanalytischen Prozeß (EA 1984), 2. Aufl., Frankfurt.

Eriksen, Thomas Hylland (2001): Small Places, Large Issues. An Introduction to Social and Cultural Anthropology, 2. Aufl., London.

Erzberger, Christian (1998): Zahlen und Wörter. Die Verbindung quantitativer und qualitativer Daten und Methoden im Forschungsprozess, Weinheim.

Esser, Hartmut (2001): Soziologie. Spezielle Grundlagen, Bd. 6: Sinn und Kultur, Frankfurt.

Euchner, Walter (1996): John Locke zur Einführung, Hamburg.

Fairclough, Norman (2008): Analysing Discourse. Textual Analysis for Social Research, London.

Falter, Matthias/Marion Löffler/Thomas Schmidinger/Veronika Schwediauer/Saskia Stachowitsch (Hg.) (2009): Politik begreifen. 89 Begriffe um Eva Kreiskys Leben und Forschen, Wien.

Fanon, Frantz (1961): Les damnés de la terre, Paris.

Fausto-Sterling, Anne (2000): Sexing the Body. Gender Politics and the Construction of Sexuality, New York.

Fenichel Pitkin, Hanna (1967): The Concept of Representation, Berkeley.

Fetscher, Iring (1973): Der Marxismus. Seine Geschichte in Dokumenten: Philosophie – Ideologie – Ökonomie – Soziologie – Politik, 2. Aufl., München.

Feyerabend, Paul K. (1981): Problems of empiricism, Cambridge.

Feyerabend, Paul K. (1981): Realism, rationalism and scientific method, Cambridge.

Fietz, Lothar (1998): Strukturalismus. Eine Einführung, 3., erw. Aufl., Tübingen 1998.

Flick, Uwe (1996): Qualitative Forschung. Theorie, Methoden, Anwendung in Psychologie und Sozialwissenschaften, 2. Aufl., Reinbek.

Flick, Uwe/Ernst von Kardorff/Ines Steinke (Hg.) (2012): Qualitative Forschung. Ein Handbuch, 9. Aufl., Reinbek.

Flynn, Thomas R. (2008): Existenzialismus. Eine kurze Einführung, Wien.

Foucault, Michel (1966): Les Mots et les choses. Une archéologie des sciences humaines, Paris.

Foucault, Michel (1983): Der Wille zum Wissen. Sexualität und Wahrheit 1 (frz. EA 1976 u.d.T. »Histoire de la sexualité, 1: La volonté de savoir«), Frankfurt.

Fraenkel, Ernst (1941): The dual state. A contribution to the theory of dictatorship, New York.

Fraenkel, Ernst (1964): Deutschland und die westlichen Demokratien, Stuttgart.

Freud, Sigmund (1905): Drei Abhandlungen zur Sexualtheorie, in: ders.: Gesammelte Werke Bd. V, Frankfurt 1999.

Freud, Sigmund (1912/13): Totem und Tabu, in: ders.: Gesammelte Werke Bd. IX, Frankfurt 1999.

Freud, Sigmund (1923): Das Ich und das Es, in: ders.: Gesammelte Werke Bd. XIII, Frankfurt 1999, S. 235-289.

Freud, Sigmund (1930): Das Unbehagen in der Kultur, in: ders.: Gesammelte Werke Bd. XIV, Frankfurt 1999, S. 419-506.

Friedrich, Manfred (1977): Der Methoden- und Richtungsstreit. Zur Grundlagendiskussion der Weimarer Staatsrechtslehre, in: Archiv des öffentlichen Rechts, Bd. 102, S. 161-209.

Fromm, Erich (1936): Sozialpsychologischer Teil, in: Institut für Sozialforschung (Hg.) (1936): Studien über Autorität und Familie, Paris, S. 77-135.

Fromm, Erich (1941): Escape from Freedom, New York.

Fromm, Erich (1998): Die Furcht vor der Freiheit (engl. EA 1941 u.d.T. »Escape from Freedom«), 7. Aufl., München 1998.

Galle, Roland (2009): Der Existentialismus, Paderborn.

Galliker, Mark/Margot Klein/Sibylle Rykart (2007): Meilensteine der Psychologie. Die Geschichte der Psychologie nach Personen, Werk und Wirkung, Stuttgart.

Gay, Peter (2006): Freud. Eine Biographie für unsere Zeit, 3. Aufl., Frankfurt.

Geis, Max-Emanuel (1989): Der Methoden- und Richtungsstreit in der Weimarer Staatslehre, in: Juristische Schulung, Heft 2, S. 91-123.

Gergen, Kenneth J./Mary M. Gergen (2009): Einführung in den sozialen Konstruktionismus, Heidelberg.

Gerhardt, Uta (2002:) Talcott Parsons. An Intellectual Biography, Cambridge.

Gerstenberger, Heide (2006): Die subjektlose Gewalt. Theorie der Entstehung bürgerlicher Staatsgewalt, 2., überarb. Aufl., Münster.

Geuss, Raymond (2008): Philosophy and real politics, Princeton.

Goertz, Gary/James Mahoney (2012): A Tale of Two Cultures. Qualitative and Quantitative Research in the Social Sciences, Princeton/Oxford.

Goffman, Erving (1959): The Presentation of Self in Everyday Life, New York.

Göhler, Gerhard (2004): Macht, in: Göhler/Iser/Kerner 2004, S. 244-261.

Göhler, Gerhard/Hubertus Buchstein (Hg.) (2000): Vom Sozialismus zum Pluralismus. Beiträge zum Werk und Leben Ernst Fraenkels, Baden-Baden.

Göhler, Gerhard/Mattias Iser/Ina Kerner (Hg.) (2004): Politische Theorie. 22 umkämpfte Begriffe zur Einführung, Wiesbaden.

Greiffenhagen, Martin/Sylvia Greiffenhagen (1997): Politische Kultur, in: Harald Geiss (Hg.): Grundwissen Politik, 3., überarb. u. erw. Aufl., Bonn, S. 167-237.

Greven, Michael Th. (1998): Mitgliedschaft, Grenzen und politischer Raum: Problemdimensionen der Demokratisierung der Europäischen Union, in: Beate Kohler-Koch (Hg.): Regieren in entgrenzten Räumen, PVS-Sonderheft 29, Opladen, S. 249-270.

Grondin, Jean (2004): Kant zur Einführung, 4. Aufl., Hamburg.

Grunberger, Béla (1982): Vom Narzißmus zum Objekt (franz. EA 1971 u.d.T. »Le narcissisme. Essais de psychanalyse«), Frankfurt.

Grunberger, Béla/Pierre Dessuant (1997): Narcissisme, Christianisme, Antisémitisme. Étude psychanalytique, Arles.

Gunnell, John G. (1986): Between philosophy and politics. The alienation of political theory, Amherst.
Gunnell, John G. (2011): Political theory and social science. Cutting against the grain, New York.
Gutting, Gary (2005): Foucault. A very short introduction, Oxford.
Habermas, Jürgen (1962): Strukturwandel der Öffentlichkeit. Untersuchungen zu einer Kategorie der bürgerlichen Gesellschaft, Neuwied.
Habermas, Jürgen (1965): Erkenntnis und Interesse, in: Merkur. Deutsche Zeitschrift für europäisches Denken, Heft 213, S. 1139-1153.
Habermas, Jürgen (1968a): Technik und Wissenschaft als »Ideologie«, Frankfurt.
Habermas, Jürgen (1968b): Erkenntnis und Interesse, Frankfurt.
Hall, Stuart (1994): Rassismus und kulturelle Identität, Hamburg.
Hammersley, Martyn (2011): Methodology – Who needs it?, London.
Hegel, Georg Wilhelm Friedrich (1830): Enzyklopädie der philosophischen Wissenschaften (III), in: ders.: Werke in zwanzig Bänden, Bd. 10, Frankfurt 1970.
Heidemann, Frank (2011): Ethnologie. Eine Einführung, Göttingen.
Heins, Volker (2010): Max Weber zur Einführung, 4. Aufl., Hamburg.
Helle, Horst Jürgen (2001): Georg Simmel. Einführung in seine Theorie und Methode, München/Wien.
Hempel, Carl G./Paul Oppenheim (1948): Studies in the Logic of Explanation, in: Philosophy of Science, Vol. XV, S. 135-175.
Hempfer, Klaus W./Alexander Schwan (Hg.) (1987): Grundlagen der politischen Kultur des Westens, Berlin/New York.
Hentges, Gudrun (1999): Schattenseiten der Aufklärung. Die Darstellung von Juden und »Wilden« in philosophischen Schriften des 18. und 19. Jahrhunderts, Schwalbach/Ts.
Hidalgo, Oliver/Frauke Höntzsch/Samuel Salzborn (2012): Politische Ideengeschichte als Theorie der Politikwissenschaft, in: Politisches Denken Jahrbuch 2012, S. 175-200.
Hobbes, Thomas (1640): Naturrecht und allgemeines Staatsrecht in den Anfangsgründen (engl. EA u.d.T. »The Elements of Law natural and politic«). Mit einer Einführung von Ferdinand Tönnies, Berlin 1926.
Hobbes, Thomas (1651): Leviathan oder Stoff, Form und Gewalt eines bürgerlichen und kirchlichen Staates (engl. EA u.d.T. »Leviathan or The Matter, Forme, and Power of a Commonwealth Ecclesiasticall

and Civil«), hrsg. und eingeleitet von Iring Fetscher, Neuwied/Berlin 1966.
Hobbes, Thomas (1959): Vom Menschen (lat. EA 1658 u.d.T. »Elementorum Philosophiae sectio secunda de Homine«) – Vom Bürger (lat. EA 1642 u.d.T. »Elementorum Philosophiae sectio tertia de Cive«), eingeleitet und hrsg. von Günter Gawlick, Hamburg.
Höffe, Otfried (2007): Immanuel Kant, 7., überarb. Aufl., München.
Holland-Cunz, Barbara (2003): Die alte neue Frauenfrage, Frankfurt.
Hondrich, Karl Otto (1996): Die Nicht-Hintergehbarkeit von Wir-Gefühlen, in: Wilhelm Heitmeyer/Rainer Dollase (Hg.): Die bedrängte Toleranz. Ethnisch-kulturelle Konflikte, religiöse Differenzen und die Gefahren politisierter Gewalt, Frankfurt, S. 100-119.
Hörisch, Jochen (2010): Theorie-Apotheke. Eine Handreichung zu den humanwissenschaftlichen Theorien der letzten fünfzig Jahre, einschließlich ihrer Risiken und Nebenwirkungen, Frankfurt.
Horkheimer, Max (1947): Eclipse of Reason, New York.
Horkheimer, Max/Theodor W. Adorno (1947): Dialektik der Aufklärung. Philosophische Fragmente, Amsterdam.
Horkheimer, Max/Theodor W. Adorno (1956): Gesellschaft, in: Institut für Sozialforschung: Soziologische Exkurse. Nach Vorträgen und Diskussionen, Hamburg 1991, S. 22-39.
Hume, David (1739/40): A treatise of human nature, hrsg. von David Fate Norton, Oxford 2001.
Imbusch, Peter (Hg.) (2012): Macht und Herrschaft. Sozialwissenschaftliche Theorien und Konzeptionen, Wiesbaden.
Institut für Sozialforschung (Hg.) (1936): Studien über Autorität und Familie, Paris.
Iser, Mattias/David Strecker (2010): Jürgen Habermas zur Einführung, Hamburg.
Jaeschke, Walter (2010): Hegel-Handbuch. Leben – Werk – Schule, 2. Aufl., Stuttgart.
Jay, Martin (1981): Dialektische Phantasie. Die Geschichte der Frankfurter Schule und des Instituts für Sozialforschung 1923-1950, Frankfurt.
Jellinek, Georg (1914): Allgemeine Staatslehre (EA 1900), 3. Aufl., Berlin.
Jetzkowitz, Jens/Carsten Stark (Hg.) (2003): Soziologischer Funktionalismus. Zur Methodologie einer Theorietradition, Opladen.
Jung, Werner (1990): Georg Simmel zur Einführung, Hamburg.

Kaase, Max (1983): Sinn oder Unsinn des Konzepts »Politische Kultur« für die Vergleichende Politikforschung, oder auch: Der Versuch, einen Pudding an die Wand zu nageln, in: ders./Hans-Dieter Klingemann (Hg.): Wahlen und politisches System. Analysen aus Anlaß der Bundestagswahl 1980, Opladen, S. 144-171.

Kant, Immanuel (1784): Beantwortung der Frage: Was ist Aufklärung?, in: ders.: Werke in sechs Bänden, Bd. VI, 3. Aufl., Darmstadt 1975.

Kant, Immanuel (1797): Die Metaphysik der Sitten, in: AA, Bd. VI, Berlin 1968.

Kelle, Udo (1994): Empirisch begründete Theoriebildung. Zur Logik und Methodologie interpretativer Sozialforschung, Weinheim.

Kelle, Udo (2008): Die Integration qualitativer und quantitativer Methoden in der empirischen Sozialforschung. Theoretische Grundlagen und methodologische Konzepte, 2. Aufl., Wiesbaden.

Kelsen, Hans (1925): Allgemeine Staatslehre, Berlin.

Kelsen, Hans (1927): Diskussionsbeiträge zu den Verhandlungen der Tagung der Deutschen Staatsrechtslehrer zu Münster i.W. am 29. und 30. März 1926, in: Veröffentlichungen der Vereinigung der Deutschen Staatsrechtslehrer, Heft 3, Berlin/Leipzig.

Kerner, Ina (2012): Postkoloniale Theorien zur Einführung, Hamburg.

Kersting, Wolfgang (2005): Thomas Hobbes zur Einführung, 3. Aufl., Hamburg.

Kesselring, Thomas (1999): Jean Piaget, 2., akt. u. um ein Nachw. erw. Aufl., München.

Keuth, Herbert (1989): Wissenschaft und Werturteil. Zu Werturteilsdiskussion und Positivismusstreit, Tübingen.

Koenig, Matthias (2005): Menschenrechte, Frankfurt/New York.

Kohl, Karl-Heinz (2000): Ethnologie – die Wissenschaft vom kulturell Fremden. Eine Einführung, 2., erw. Aufl., München.

Koller, Hans-Christoph (2008): Grundbegriffe, Theorien und Methoden der Erziehungswissenschaft. Eine Einführung, 3. Aufl., Stuttgart.

Korte, Hermann (2006): Einführung in die Geschichte der Soziologie, 8., überarb. Aufl., Wiesbaden.

Koselleck, Reinhart (Hg.) (1979): Historische Semantik und Begriffsgeschichte, Stuttgart.

Koselleck, Reinhart (1979): Vergangene Zukunft. Zur Semantik geschichtlicher Zeiten, Frankfurt.

Kreisky, Eva (1995): Der Stoff, aus dem die Staaten sind. Zur männerbündischen Fundierung politischer Ordnung, in: Regina Becker-Schmidt/Gudrun-Axeli Knapp (Hg.): Das Geschlechterverhältnis als Gegenstand der Sozialwissenschaften, Frankfurt/New York, S. 85-124.

Kroeber, Alfred L./Clyde Kluckhohn (1952): Culture. A Critical Review of Concepts and Definitions, New York.

Kromrey, Helmut (1998): Empirische Sozialforschung. Modelle und Methoden der Datenerhebung und Datenauswertung, 8., überarb. u. erw. Aufl., Opladen.

Krumm, Thomas/Thomas Noetzel/Bettina Westle: Ausgewählte wissenschaftstheoretische Grundlagen und Grundfragen, in: Westle (Hg.) (2009), S. 49-113.

Kruse, Volker (2008): Geschichte der Soziologie, Konstanz.

Kuhn, Gabriel (2005): Tier-Werden, Schwarz-Werden, Frau-Werden. Eine Einführung in die politische Philosophie des Poststrukturalismus, Münster.

Kuhn, Thomas S. (1962): The Structure of Scientific Revolutions, Chicago.

Kühnel, Steffen-M./Dagmar Krebs (2010): Statistik für die Sozialwissenschaften. Grundlagen, Methoden, Anwendungen, 5. Aufl., Reinbek.

Kutter, Peter/Thomas Müller (2008): Psychoanalyse. Eine Einführung in die Psychologie unbewusster Prozesse, Stuttgart.

Lakatos, Imre (1978): Mathematics, science and epistemology, Cambridge.

Lakatos, Imre (1978): The methodology of scientific research programmes, Cambridge.

Lamnek, Siegfried (2005): Qualitative Sozialforschung. Lehrbuch, 4., überarb. Aufl., Weinheim.

Lentz, Astrid (1995): Ethnizität und Macht. Ethnische Differenzierung als Struktur und Prozeß sozialer Schließung im Kapitalismus, Köln.

Leopold, David/Marc Stears (Hg.) (2008): Political theory. Methods and approaches, Oxford.

Lepsius, M. Rainer (1981): Die Soziologie der Zwischenkriegszeit: Entwicklungstendenzen und Beurteilungskriterien, in: ders. (Hg.): Soziologie in Deutschland und Österreich 1918-1945 (= Sonderheft 23 der Kölner Zeitschrift für Soziologie und Sozialpsychologie), Opladen, S. 7-23.

Lindenlaub, Dieter (1967): Richtungskämpfe im Verein für Sozialpolitik. Wissenschaft und Sozialpolitik im Kaiserreich vornehmlich vom Beginn des »Neuen Kurses« bis zum Ausbruch des Ersten Weltkrieges (1890-1914), Wiesbaden.

Locke, John (1664): Essays on the Law of Nature (lat. EA o.T.), hrsg. von Wolfgang von Leyden, Oxford 1954.

Locke, John (1689): Über den menschlichen Verstand (engl. EA u.d.T. »An essay concerning human understanding«). In vier Büchern, 3. Aufl., Hamburg 1976.

Locke, John (1690): Zwei Abhandlungen über die Regierung (engl. EA u.d.T. »Two Treatises of Government«), hrsg. und eingeleitet von Walter Euchner, Frankfurt/Wien 1967.

Lohmann, Hans-Martin (1999): Sigmund Freud zur Einführung, 4., verb. Aufl., Hamburg.

Lück, Helmut E. (2011): Geschichte der Psychologie. Strömungen, Schulen, Entwicklungen, 5., überarb. und erw. Aufl., Stuttgart.

Luhmann, Niklas (1975): Macht, Stuttgart.

Lukes, Steven (1990): Émile Durkheim. His life and work. A historical and critical study, Stanford.

Machiavelli, Niccolò (1986): Il Principe/Der Fürst (EA 1513). Italienisch/ Deutsch, übersetzt und hrsg. von Philipp Rippel, Stuttgart.

Machiavelli, Niccolò (2000): Discorsi. Staat und Politik (EA 1531), hrsg. und mit einem Nachwort von Horst Günther, Frankfurt/Leipzig.

Maihofer, Andrea (2006): Von der Frauen- zur Geschlechterforschung – Ein bedeutsamer Perspektivenwechsel nebst aktuellen Herausforderungen an die Geschlechterforschung, in: Brigitte Aulenbacher/Mechthild Bereswill/Martina Löw/Michael Meuser/Gabriele Mordt/Reinhild Schäfer/Sylka Scholz (Hg.): FrauenMännerGeschlechterforschung. State of the Art, Münster, S. 64-77.

Marx, Karl (1844): Zur Kritik der Hegelschen Rechtsphilosophie. Einleitung, in: MEW Bd. 1, 15. Aufl., Berlin/Ost, S. 378-391.

Marx, Karl (1859): Zur Kritik der Politischen Ökonomie, in: MEW Bd. 13, Berlin/Ost, S. 3-160.

Marx, Karl/Friedrich Engels (1845/46): Die deutsche Ideologie. Kritik der neuesten deutschen Philosophie in ihren Repräsentanten Feuerbach, B. Bauer und Stirner, und des deutschen Sozialismus in seinen verschiedenen Propheten, in: MEW 3, S. 8-530.

Massing, Otwin (2004): Herrschaft – kritische Bestandsaufnahme der Funktion einer komplexen Kategorie, in: Hartmut Aden (Hg.): Herrschaftstheorien und Herrschaftsphänomene, Wiesbaden, S. 25-38.

Maus, Heinz (1962): A Short History of Sociology, London.

Mead, George H. (1934): Geist, Identität und Gesellschaft aus der Sicht des Sozialbehaviorismus (engl. EA u.d.T. »Mind, Self and Society. From the standpoint of a social behaviorist«), Frankfurt 1973.

Meidl, Christian N. (2009): Wissenschaftstheorie für SozialforscherInnen, Wien.

Mertens, Wolfgang (2008): Psychoanalyse. Geschichte und Methoden, 4., akt. Auflage, München.

Miebach, Bernhard (2010): Soziologische Handlungstheorie. Eine Einführung, 3., akt. Aufl., Wiesbaden.

Migdal, Joel S. (2001): State in Society. Studying how states and societies transform and constitute one another, Cambridge.

Miller, David (1994): Critical rationalism. A restatement and defence, Chicago.

Müller, Adam Heinrich (1809): Die Elemente der Staatskunst. Oeffentliche Vorlesungen, vor Sr. Durchlaucht dem Prinzen Bernhard von Sachsen-Weimar und einer Versammlung von Staatsmännern und Diplomaten, im Winter von 1808 auf 1809, zu Dresden, gehalten, Berlin.

Müller, Hans-Peter (2007): Max Weber. Eine Einführung in sein Werk, Köln.

Münker, Stefan/Alexander Roesler (2012): Poststrukturalismus, 2., akt. u. erw. Aufl., Stuttgart.

Münkler, Herfried (1984): Machiavelli. Die Begründung des politischen Denkens der Neuzeit aus der Krise der Republik Florenz, Frankfurt.

Münkler, Herfried (1993): Thomas Hobbes, Frankfurt/New York.

Münkler, Herfried (1994): Metatheorien(n), in: Dieter Nohlen (Hg.): Lexikon der Politik, Bd. 2: Politikwissenschaftliche Methoden, hrsg. von Jürgen Kriz, Dieter Nohlen und Rainer-Olaf Schultze, München, S. 258-262.

Nau, Heino Heinrich (1996): Der Werturteilsstreit. Die Äußerungen zur Werturteilsdiskussion im Ausschuß des Vereins für Sozialpolitik (1913), Marburg.

Nestvogel, Renate (2004): Sozialisationstheorien: Traditionslinien, Debatten und Perspektiven, in: Becker/Kortendiek 2004, S. 153-164.

Neumann, Franz L. (1937): Der Funktionswandel des Gesetzes im Recht der bürgerlichen Gesellschaft, in: ders.: Demokratischer und autoritärer Staat. Studien zur politischen Theorie, hrsg. und mit einem Vorwort von Herbert Marcuse. Eingeleitet von Helge Pross, Frankfurt/Wien 1967, S. 31-81.

Neumann, Franz L. (1944): Behemoth. The Structure and Practice of National Socialism 1933-1944 (with new Appendix), 2. Aufl., New York.

Niemann, Hans-Joachim (2004): Lexikon des Kritischen Rationalismus, Tübingen.

Niethammer, Lutz (2000): Kollektive Identität. Heimliche Quellen einer unheimlichen Konjunktur, Reinbek.

Ooyen, Robert Chr. van/Martin H. W. Möllers (Hg.) (2009): (Doppel-) Staat und Gruppeninteressen. Pluralismus – Parlamentarismus – Schmitt-Kritik bei Ernst Fraenkel, Baden-Baden.

Opitz-Belakhal, Claudia (2010): Geschlechtergeschichte, Frankfurt/New York.

Osterhammel, Jürgen (2009): Die Verwandlung der Welt. Eine Geschichte des 19. Jahrhunderts, München.

Otis-Cour, Leah (2000): Lust und Liebe. Geschichte der Paarbeziehungen im Mittelalter, Frankfurt.

Ottmann, Henning (2006): Geschichte des politischen Denkens, Bd. 3/1: Die Neuzeit: Von Machiavelli bis zu den großen Revolutionen, Stuttgart/Weimar.

Outhwaite, William/Stephen P. Turner (Hg.) (2007): The Sage Handbook of Social Science Methodology, London.

Pankoke, Eckart (1984): Soziologie, Gesellschaftswissenschaften, in: Otto Brunner/Werner Conze/Reinhart Koselleck (Hg.): Geschichtliche Grundbegriffe. Historisches Lexikon zur politisch-sozialen Sprache in Deutschland, Bd. 5, Stuttgart, S. 997-1032.

Parsons, Talcott (1964): The Social System (EA 1951), London.

Parsons, Talcott (1971): The System of Modern Societies, Englewood Cliffs.

Pateman, Carole (1988): The Sexual Contract, Stanford.

Patzelt, Werner J. (1986): Sozialwissenschaftliche Forschungslogik. Einführung, München.

Paulson, Stanley L./Martin Schulte (Hg.) (2000): Georg Jellinek. Beiträge zu Leben und Werk, Tübingen.

Peisert, Hansgert/Wolfgang Zapf (Hg.) (1994): Gesellschaft, Demokratie und Lebenschancen. Festschrift für Ralf Dahrendorf, Stuttgart.

Pelinka, Anton (2006): Die Politik der politischen Kultur, in: Österreichische Zeitschrift für Politikwissenschaft, H. 3, S. 225-235.

Pickel, Gert (2011): Religionssoziologie. Eine Einführung in zentrale Themenbereiche, Wiesbaden.

Pocock, John G. A. (1973): Politics, Language and Time. Essays on Political Thought and History, New York.

Popper, Karl R. (1961): Die Logik der Sozialwissenschaften, in: Adorno u.a. (1969), S. 103-123.

Pufendorf, Samuel (1672): Acht Bücher vom Natur- und Völkerrecht (lat. EA u.d.T. »De iure naturae et gentium libri octo«). Nachdruck der Ausgabe von 1711, Hildesheim 1998.

Pulaski, Mary Ann (1975): Piaget. Eine Einführung in seine Theorie und sein Werk (engl. EA 1971 u.d.T. »Understanding Piaget. Introduction to Children's Cognitive Development«), Ravensburg.

Raab, Jürgen (2008): Erving Goffman, Konstanz.

Rattner, Joseph (1995): Klassiker der Psychoanalyse, 2. Aufl., Weinheim.

Reese-Schäfer, Walter (2001): Jürgen Habermas, 3., überarb. Aufl., Frankfurt.

Reese-Schäfer, Walter (2011): Niklas Luhmann zur Einführung, 6., überarb. Aufl., Hamburg.

Reichardt, Sven (1994): Rezension zu Zygmunt Bauman »Dialektik der Ordnung« und »Moderne und Ambivalenz«, in: 1999. Zeitschrift für Sozialgeschichte des 20. Jahrhunderts, H. 3.

Reinhard, Wolfgang (1999): Geschichte der Staatsgewalt. Eine vergleichende Verfassungsgeschichte Europas von den Anfängen bis zur Gegenwart, München.

Ritsert, Jürgen (2003): Einführung in die Logik der Sozialwissenschaften, 2., überarb. Aufl., Münster.

Rohe, Karl (1990): Politische Kultur und ihre Analyse. Probleme und Perspektiven der politischen Kulturforschung, in: Historische Zeitschrift, Bd. 250, S. 321-346.

Rohe, Karl (1996): Politische Kultur: Zum Verständnis eines theoretischen Konzepts, in: Oskar Niedermayer/Klaus von Beyme (Hg.): Politische Kultur in Ost- und Westdeutschland, Opladen, S. 1-21.

Ropohl, Günter (2012): Allgemeine Systemtheorie. Einführung in transdisziplinäres Denken, Berlin.

Rorty, Richard (Hg.) (1967): The linguistic turn. Recent essays in philosophical method, Chicago.

Rosenthal, Gabriele (2011): Interpretative Sozialforschung. Eine Einführung, 3., akt. u. erg. Aufl., Weinheim/München.

Roth, Klaus (2003): Genealogie des Staates. Prämissen des neuzeitlichen Politikdenkens, Berlin.

Rousseau, Jean-Jacques (1762): Vom Gesellschaftsvertrag oder Prinzipien des Staatsrechtes (frz. EA u.d.T. »Du Contrat Social ou Principes du Droit Politique«), in: ders.: Politische Schriften. Übersetzung und Einführung von Ludwig Schmidts, 2. Aufl., Paderborn 1995, S. 59-208.

Salzborn, Samuel (2005): Ethnisierung der Politik. Theorie und Geschichte des Volksgruppenrechts in Europa, Frankfurt/New York.

Salzborn, Samuel (Hg.) (2009a): Kritische Theorie des Staates. Staat und Recht bei Franz L. Neumann, Baden-Baden.

Salzborn, Samuel (Hg.) (2009b): Politische Kultur. Forschungsstand und Forschungsperspektiven, Frankfurt.

Salzborn, Samuel (2010): Hobbes – Locke – Rousseau. Ein Vergleich der anthropologischen Prämissen kontraktualistischer Staatstheorie, in: ders. (Hg.): Der Staat des Liberalismus. Die liberale Staatstheorie von John Locke, Baden-Baden, S. 51-79.

Salzborn, Samuel (2011a): Der Begriff des Politischen in der Demokratie. Ein Versuch zur Demokratisierung des Freund-Feind-Konzepts, in: Rüdiger Voigt (Hg.): Freund-Feind-Denken. Carl Schmitts Kategorie des Politischen, Stuttgart, S. 111-130.

Salzborn, Samuel (Hg.) (2011b): Staat und Nation. Die Theorien der Nationalismusforschung in der Diskussion, Stuttgart.

Salzborn, Samuel (2012a): Demokratie. Theorien – Formen – Entwicklungen, Baden-Baden.

Salzborn, Samuel (2012b): Critique as Premise. Reflections on methodological commonalities between critical rationalism and critical theory, in: ders./Eldad Davidov/Jost Reinecke (Hg.): Methods, Theories, and Empirical Applications in the Social Sciences. Festschrift for Peter Schmidt, Wiesbaden, S. 27-32.

Salzborn, Samuel (Hg.) (2012c): »... ins Museum der Altertümer«. Staatstheorie und Staatskritik bei Friedrich Engels, Baden-Baden.

Salzborn, Samuel/Rüdiger Voigt (Hg.) (2010): Souveränität. Theoretische und ideengeschichtliche Reflexionen, Stuttgart.
Sarasin, Philipp (2010): Michel Foucault zur Einführung, 4. Aufl., Hamburg.
Sartori, Giovanni (1992): Demokratietheorie, Darmstadt.
Saussure, Ferdinand de (1916): Cours de linguistique générale, Lausanne/Paris.
Scharlau, Ingrid (1996): Jean Piaget zur Einführung, Hamburg.
Scheich, Elvira (1989): Frauen-Sicht. Zur politischen Theorie der Technik, in: Ursula Beer (Hg.): Klasse Geschlecht. Feministische Gesellschaftsanalyse und Wissenschaftskritik, Bielefeld, S. 132-161.
Schmitt, Carl (1928): Verfassungslehre, München.
Schmitt, Carl (1963): Der Begriff des Politischen. Text von 1932 mit einem Vorwort und drei Corollarien, Berlin.
Schmitz, Sven-Uwe/Klaus Schubert (2006): Einführung in die Politische Theorie und Methodenlehre, Opladen.
Schnädelbach, Herbert (2008): Erkenntnistheorie zur Einführung, 3., erg. Aufl., Hamburg.
Schnädelbach, Herbert (2011): G.W.F. Hegel zur Einführung, 4., verb. Aufl., Hamburg.
Schnell, Rainer/Paul B. Hill/Elke Esser (2011): Methoden der empirischen Sozialforschung, 9., akt. Aufl., München/Wien.
Schroer, Markus (Hg.) (2005): Soziologie des Körpers, Frankfurt.
Schröter, Susanne (2002): FeMale. Über Grenzverläufe zwischen den Geschlechtern, Frankfurt.
Schultze, Rainer-Olaf (1994): Erkenntnisinteresse in der Politikwissenschaft, in: Dieter Nohlen (Hg.): Lexikon der Politik, Bd. 2: Politikwissenschaftliche Methoden, hrsg. von Jürgen Kriz, Dieter Nohlen und Rainer-Olaf Schultze, München, S. 107-117.
Schuppert, Gunnar Folke (2008): Politische Kultur, Baden-Baden.
Schuppert, Gunnar Folke (2003): Staatswissenschaft, Baden-Baden.
Schwan, Alexander (1991): Politische Theorien des Rationalismus und der Aufklärung, in: Hans-Joachim Lieber (Hg.): Politische Theorien von der Antike bis zur Gegenwart, Bonn, S. 157-257.
Schwandt, Michael (2010): Kritische Theorie. Eine Einführung, 2., durchgeseh. Aufl., Stuttgart.

Schweppenhäuser, Gerhard (2009): Theodor W. Adorno zur Einführung, 5., vollst. überarb. Aufl., Hamburg.

Schwingel, Markus (2011): Pierre Bourdieu zur Einführung, 7., erg. Aufl., Hamburg.

Searle, John R. (1969): Speech Acts. An Essay in the Philosophy of Language, Cambridge.

Seipel, Christian/Peter Rieker (2003): Integrative Sozialforschung. Konzepte und Methoden der qualitativen und quantitativen empirischen Forschung, Weinheim/München.

Service, Elman R. (1977): Ursprünge des Staates und der Zivilisation. Der Prozeß der kulturellen Evolution (engl. EA 1975 u.d.T. »Origins of State and Civilization. The Process of Cultural Evolution«), Frankfurt.

Shils, Edward (1957): Primordial, Personal, Sacred and Civil Ties. Some particular observations on the Relationship of Sociological Research and Theory, in: The British Journal of Sociology, Bd. 8, S. 130-145.

Siebert, Horst (2005): Die Wirklichkeit als Konstruktion. Einführung in konstruktivistisches Denken, Frankfurt.

Simmel, Georg (1908): Soziologie. Untersuchungen über die Formen der Vergesellschaftung, Leipzig.

Skinner, Quentin (1978): The foundations of modern political thought, 2 Bde., Cambridge.

Skinner, Quentin (2008): Machiavelli zur Einführung, 5. Aufl., Hamburg.

Skinner, Quentin (2009): Visionen des Politischen, Frankfurt.

Smith, Adam (1776): An Inquiry into the Nature and Causes of the Wealth of Nations, Raleigh, NC 1993.

Söllner, Alfons (1982): Neumann zur Einführung, Hannover.

Sontheimer, Kurt (1994): Antidemokratisches Denken in der Weimarer Republik. Die politischen Ideen des deutschen Nationalismus zwischen 1918 und 1933 (EA 1962), 4. Aufl., München.

Specht, Rainer (2007): John Locke, 2., überarb. Aufl., München.

Statistisches Bundesamt (1966): Fachserie A Bevölkerung und Kultur, Reihe 10 Bildungswesen, V. Hochschulen: Hochschullehrer und sonstiges wissenschaftliches Personal an den Wissenschaftlichen Hochschulen 1960, Stuttgart/Mainz.

Statistisches Bundesamt (1975): Fachserie A Bevölkerung und Kultur, Reihe 10 Bildungswesen, V. Hochschulen: Personal an Hochschulen 1972, Stuttgart/Mainz.

Statistisches Bundesamt (1982): Fachserie 11 Bildung und Kultur, Reihe 4.4 Personal an Hochschulen 1980, Stuttgart/Mainz.
Steinmann, Horst/Andreas Georg Scherer (Hg.) (1998): Zwischen Universalismus und Relativismus. Philosophische Grundlagenprobleme des interkulturellen Managements, Frankfurt.
Stolleis, Michael (1999): Geschichte des öffentlichen Rechts in Deutschland. Bd. 3: Staats- und Verwaltungsrechtswissenschaft in Republik und Diktatur 1914-1945, München.
Stolleis, Michael (2001): Der Methodenstreit der Weimarer Staatsrechtslehre – Ein abgeschlossenes Kapitel der Wissenschaftsgeschichte?, Stuttgart.
Strecker, David (2012): Logik der Macht. Zum Ort der Kritik zwischen Theorie und Praxis, Weilerswist.
Tönnies, Ferdinand (1963): Gemeinschaft und Gesellschaft. Grundbegriffe der reinen Soziologie (EA 1887), Darmstadt.
Tönnies, Sibylle (2001): Der westliche Universalismus. Die Denkwelt der Menschenrechte, 3., überarb. Aufl., Wiesbaden.
Topitsch, Ernst (Hg.) (1965): Logik der Sozialwissenschaften, Köln/Berlin.
Veith, Hermann (2008): Sozialisation, München.
Vincent, Andrew (2007): The nature of political theory, Oxford.
Voigt, Rüdiger (2007): Den Staat denken. Der Leviathan im Zeichen der Krise, Baden-Baden.
Vowinckel, Annette (2006): Hannah Arendt, Leipzig.
Walach, Harald (2009): Psychologie. Wissenschaftstheorie, philosophische Grundlagen und Geschichte. Ein Lehrbuch, 2., akt. Aufl., Stuttgart.
Walzer, Michael (1992): Sphären der Gerechtigkeit. Ein Plädoyer für Pluralität und Gleichheit (engl. EA 1983 u.d.T. »Spheres of Justice. A Defense of Pluralism and Equality«), Frankfurt/New York.
Waschkuhn, Arno (2002): Grundlegung der Politikwissenschaft. Zur Theorie und Praxis einer kritisch-reflexiven Orientierungswissenschaft, München/Wien.
Weber, Max (1904): Die »Objektivität« sozialwissenschaftlicher und sozialpolitischer Erkenntnis, in: ders. (1982): Gesammelte Aufsätze zur Wissenschaftslehre, hrsg. von Johannes Winckelmann, 5., durchgeseh. Aufl., Tübingen, S. 146-214.
Weber, Max 1918: Der Sinn der »Wertfreiheit« der soziologischen und ökonomischen Wissenschaften, in: ders. (1982): Gesammelte Aufsätze

zur Wissenschaftslehre, hrsg. von Johannes Winckelmann, 5., durchgeseh. Aufl., Tübingen, S. 489-540.
Weber, Max (1919): Wissenschaft als Beruf, in: ders.: Soziologie – Universalgeschichtliche Analysen – Politik, hrsg. von Johannes Winckelmann, 5., überarb. Aufl., Stuttgart, S. 311-339.
Weber, Max (1920): Die protestantische Ethik und der Geist des Kapitalismus, hrsg. und eingeleitet v. Dirk Kaesler, 2., durchgeseh. Aufl., München 2006.
Weber, Max (1921): Wirtschaft und Gesellschaft. Grundriss der verstehenden Soziologie, 5., rev. Aufl. bes. v. Johannes Winckelmann, Tübingen 1980.
Weber, Max (1966): Staatssoziologie. Soziologie der rationalen Staatsanstalt und der modernen politischen Parteien und Parlamente, hrsg. von Johannes Winckelmann, 2., erg. Aufl., Berlin.
Weber, Max (1992): Wissenschaft als Beruf (EA 1919), in: ders.: Gesamtausgabe, Abt. I, Bd. 17, Tübingen.
Wehler, Hans-Ulrich (2001): Nationalismus. Geschichte – Formen – Folgen, München.
Wenzel, Harald (1990): George Herbert Mead zur Einführung, Hamburg.
Westle, Bettina (Hg.) (2009): Methoden der Politikwissenschaft, Baden-Baden.
Westle, Bettina/Oscar W. Gabriel (Hg.) (2009): Politische Kultur. Eine Einführung, Baden-Baden.
Wiggershaus, Rolf (1998): Max Horkheimer zur Einführung, Hamburg.
Wiggershaus, Rolf (2008): Die Frankfurter Schule. Geschichte, theoretische Entwicklung, politische Bedeutung, 7. Aufl., München.
Wilkins, John S. (2009): Defining species. A sourcebook from antiquity to today, New York.
Willems, Herbert (1997): Rahmen und Habitus. Zum theoretischen und methodischen Ansatz Erving Goffmans: Vergleiche, Anschlüsse und Anwendungen, Frankfurt.
Wittgenstein, Ludwig (1984): Philosophische Untersuchungen, Frankfurt.
Wodak, Ruth/Michael Meyer (Hg.) (2009): Methods of Critical Discourse Analysis, 2. Aufl., London.
Zecha, Gerhard (Hg.) (2006): Werte in den Wissenschaften. 100 Jahre nach Max Weber, Tübingen.

Zippelius, Reinhold (1999): Allgemeine Staatslehre (Politikwissenschaft). Ein Studienbuch, 13., neubearb. Aufl., München.

Personenregister

Samuel Salzborn, geb. 1977 in Hannover, Studium der Politikwissenschaft, Soziologie, Psychologie und Rechtswissenschaft an der Universität Hannover, Promotion (Köln 2004) und Habilitation (Gießen 2009) im Fach Politikwissenschaft. Lehr- und Forschungstätigkeit an den Universitäten Marburg, Bielefeld, Prag (VSE), Jerusalem und der Hessischen Hochschule für Polizei und Verwaltung, u.a. als Vertretungsprofessor für Demokratie- und Demokratisierungsforschung (Uni Gießen) und als Gastprofessor für politische Ideengeschichte (Uni Marburg). Seit 2012 Professor für Grundlagen der Sozialwissenschaften am Institut für Politikwissenschaft der Georg-August-Universität Göttingen. Buchveröffentlichungen (in Auswahl): *Demokratie. Theorien – Formen – Entwicklungen* (2012); *Methods, Theories, and Empirical Applications in the Social Sciences* (Co-Editor, 2012); *»... ins Museum der Altertümer«. Staatstheorie und Staatskritik bei Friedrich Engels* (Hg., 2012); *Staat und Nation. Die Theorien der Nationalismusforschung in der Diskussion* (Hg., 2011); *Antisemitismus als negative Leitidee der Moderne. Sozialwissenschaftliche Theorien im Vergleich* (2010).